JONATHAN
O PASTOR

Espírito JOSEPHO

Médium DOLORES BACELAR

JONATHAN O PASTOR

Último Livro da Série
Às Margens do Eufrates

SÃO BERNARDO DO CAMPO, 2006   1ª EDIÇÃO

Dados Internacionais da Catalogação na Publicação (CIP)
(Câmara Brasileira do Livro, SP, Brasil)

Josepho (Espírito).
Jonathan - O pastor / ditado pelo espírito Josepho; [psicografado por] Dolores Bacelar – Série Às Margens do Eufrates – São Bernardo do Campo, SP : Correio Fraterno, 2006.

Índice para catálogo sistemático
1. romance 2.espiritismo 3.psicografia I. Título

CDD 133.93

1ª edição - 2000 exemplares - dezembro de 2006
Produção editorial: Izabel Vitusso
Projeto gráfico: Carlos E. Rodrigues
Revisão: Mariana Sartor
Capa: Marco Basile
Impresso na Gráfica Paym

EDITORA ESPÍRITA CORREIO FRATERNO DO ABC
Av. Humberto de Alencar Castelo Branco, 2955
CEP 09851-000 - São Bernardo do Campo - SP.
Fone: (11) 4109-2939
www.correiofraterno.com.br
E-mail: correiofraterno@correiofraterno.com.br

O produto desta obra, e de todas as atividades da Editora Espírita Correio Fraterno, é destinado à divulgação da doutrina espírita e às obras de assistência do

Lar da Criança Emmanuel

Impresso no Brasil

"Só o amor é capaz de encubar toda semente lançada à terra. Assim são as palavras que consolam, regadas pelo sentimento."

DOLORES BACELAR

Sumário

Prefácio 09

Introdução 11

À margem do Ganges 13

Yokanaan, o precursor 19

Eis o Cordeiro de Deus 27

Jonathan, o pastor de Judá 39

Emmanuel. O Messias. Afinal! 43

O apelo da estrada 55

A chegada à Galiléia 71

A aridez de Herodes 85

A espera de João Batista 97

Como aves imigrantes 115

Os remanescentes 127

O Menino do pastor 149

Adendo 157

PREFÁCIO

Josepho, pela mediunidade de Dolores Bacelar, brinda-nos com *Jonathan, o pastor*, no qual revela um pouco mais das raízes de sua bagagem espiritual, grande parte angariada em suas romagens, há séculos, pelo Oriente. Neste livro, da série *Às Margens do Eufrates,* não há pressa em revelar os fatos. Josepho prepara o enredo, situa o leitor antes de abrir as cortinas do espetáculo. Respira cada lição apreendida na trilha evolutiva antes de partilhá-la. Assim o fez em cada um dos livros, mostrando a crescente caminhada evolutiva do homem, pontuada na própria História da civilização.

Dolores Bacelar desfrutou do nosso mais estimado carinho e reconhecimento. Companheira de longa data da editora *Correio Fraterno* e do Lar da Criança Emmanuel, chegou aos 90 anos de idade acatando as ondas de bondade de seu coração e disposta para a tarefa do legado mediúnico.

Apoiada pela família, continuou a ser o jarro a colher o néctar da espiritualidade para saciar a sede do conhecimento até poucos meses antes de seu retorno ao plano espiritual, em outubro de 2006.

A qualidade de seu trabalho mediúnico assegura ao autor espiritual – e também aos leitores – a precisão da obra, rica em detalhes históricos e citações do Evangelho, que vivificam encontros e cenários dos personagens que imortalizaram a história do Cristianismo.

A obra garante, sobretudo, que as vibrações trazidas da simplicidade dos campos verdes das oliveiras e das pastagens do Oriente antigo, dos encontros com João Batista e com o meigo Nazareno, cheguem também ao leitor.

Os Editores

INTRODUÇÃO

*Eis que envio o meu anjo, que aparelhará o caminho
diante de mim; e de repente virá ao seu templo o Senhor,
a quem vós buscais e o anjo do concerto, a quem vós
desejais...
Eis que vos envio o profeta Elias, antes que venha o
dia grande e terrível do Senhor...*

Malaquias, 3: 1; Cap 4: 5

*Ochozias, rei de Israel, adoeceu e enviou mensageiros e
disse-lhes: Ide, e perguntai a Baal-Zebube, deus de
Ekron, se sararei desta doença. Mas Elias, a mando do
Senhor, vai ao encontro dos mensageiros do rei de
Samaria e lhes diz: Porventura não há Deus em Israel,
que vades consultar a Baal-Zebube, deus de Ekron? E por
isso assim diz o Senhor: Da cama, a que subiste, não
descerás, mas sem falta morrerás... E os mensageiros
voltaram ao rei e lhes falaram do encontro e do que*

ouviram. E o rei lhes disse: Qual era o traje do homem que vos veio ao encontro e vos falou estas palavras? E eles disseram:— Um homem vestido de pêlos, e com os lombos cingidos d'um cinto de couro. Então disse ele: É Elias, o tisbita.

Segundo livro dos Reis: de 1 a 8

Falai benignamente a Jerusalém, e bradai-lhe que já a sua malícia é acabada, que já a sua iniqüidade está expiada e que já recebeu em dobro da mão do Senhor, por todos os seus pecados.
Voz do que clama no deserto: Aparelhai o caminho do Senhor...

Isaías, 40: 2 e 3

Elias era natural de Tisbé, viveu no século IX, antes de Cristo. Combateu a raça do rei Ocabe, casado com Zezabel, pais de Ochozias, por serem estes cultuadores de Baal-Zebube e de Ostartéia. Vivia às margens do Jordão e meditava sobre o monte Carmelo.

Citações e nota de JOSEPHO

À MARGEM DO GANGES

Como ave migrante, o meu espírito pousou no beiral do Tempo, cansado de tanto voejar. Vinha de longas distâncias através dos espaços da Terra, inúmeras vezes percorridos. Despojado de paixões e apegos carnais, estava ali nu ante a Eternidade.

O pensamento, arquivo do Eu real, retrocedia repassando estradas, transpondo fronteiras, unindo aquelas partes deste orbe que o Homem repartira. Não me sentia mais preso a nenhum espaço, apenas um ser imerso no Tempo.

Nas peregrinações evolutivas estagiara em quantos lugares, e em meio às gentes simples, sem pouso certo, que viviam ao sabor das estações, desconhecendo os equinócios e solstícios, tendo como pátria a natureza. Gentes a quem os futuros civilizados conquistadores cognominariam de selvagens desprovidos de almas... Nesse dia, quando os civilizados aportaram às plagas ameríndias, a página negra da História dos homens ficou mais e mais sombria.

A essas gentes simples, mas de espíritos livres e indomáveis, quanto lhes devia eu, Josepho, em nobreza e sentimento. Renascera em civilizações de povos pacíficos, probos e confiantes, amantes do sol, da Justiça e do Saber, mas que ignoravam o Egito, a Mesopotâmia, a Grécia, Roma... Assim, usei, beneficiando o espírito, as vestes corpóreas de inca, maia, asteca. E ainda: em muitas rápidas reencarnações, deram-me como berço a acolhedora Austrália.

E por acréscimo da Misericórdia divina, sensibilizada ante um espírito tão recalcitrante às virtudes e ao bem, fui insulano de quantas ilhas ignoradas pelos geólogos de então, onde a pureza era nata, o respeito à vida, à lei, à amizade; sentimento comum a todos. Nesse cenário, cujas porções de terra sempre floridas pareciam jardins em meio à grandeza oceânica, tinha muito para aprender com mestres, senhores da Sabedoria das Virtudes.

Nesse andejo reencarnatório, eu, Josepho, iniciei-me no conhecimento da Humanidade como um todo, uma só família, sem discriminação étnica e social, cujos membros, uns mais jovens, outros mais velhos, sabiam-se todos irmãos, embora se tenham dispersado no Tempo e no Espaço, em ânsias de Amplitude.

* * *

O homem por atavismo, por genética divina, não se contenta com as limitações telúricas. Inquieta-se, sofre em suas andanças nos campos da matéria — onde vive sempre insatisfeito e saturado das paisagens comuns ao dia-a-dia orbículo — porque ele almeja o Infinito, sonha com o Perene, o Eterno.

Nenhum espírito foi talhado para padecer contenções, embora a estas esteja sujeito por seus crimes e erros contra o próximo. E a essas contenções estará sujeito até que se quite com o seu semelhante e a própria consciência. E apesar dos grilhões que de contínuo o prendem à matéria, calcetado a múltiplas encarnações, aspira ir sempre mais e mais além... E em sua ânsia de melhoria, não lhe basta transpor as culminâncias dos bons sentimentos deste mundo ou de outro onde se encontre, em seu real Eu. Visa à Perfeição Cósmica.

* * *

Quando eu me situo nas novas terras descobertas, parece que o faço com a intimidade daqueles que ali viveriam após Cristóvão Colombo e outros navegadores. Não fui um destes. No entanto, os novos continentes eram desconhecidos tãosó, obviamente para os homens encarnados de então, no ocidente da Terra, não para os espíritos viandantes das inúmeras vias evolutivas, não para os prepostos do Senhor e muito menos para Deus.

A Terra, como todas as moradas do Pai, embora díspar em suas partes, como díspares são as criaturas, seres e coisas, fornece cenário sempre propício à vivência do seu todo. Semelhante às mães amoráveis, é plena de eqüidade em suas dádivas e premissas. Sempre igual e pródiga, apesar de os homens a terem dividido e se apossado de grande parte dela, em prejuízo de quantos, subjugando-a como déspotas cruéis, furtando-se assim de usufruir do estado ideal de Fraternidade, Paz, Justiça e Altruísmo; sentimentos estes que conduzem à tão ansiada Jerusalém Prometida, símbolo de um existir feliz em uma pátria perfeita. Quando assim for, então o Homem compreenderá Jesus em sua afirmação à Humanidade de Ontem, de Hoje e de Amanhã:

— "O meu Reino não é deste mundo."

* * *

Um dia, não sei precisar quando, talvez em Delhi, pouco antes do século de ouro da Índia — quando em início a era a que os indianos denominaram Samvat,[1] na singular e inexplicável terra das Castas, onde a vaca e outros irracionais são mais respeitados e agraciados que os párias... Porque estes não ousavam sequer pisar sobre as pegadas dos manhosos brâmanes, os fariseus deste milenar, sábio, complexo, contraditório povo. Talvez tenha sido em Delhi ou em Alexandria, talvez em Palos ou sobre as ruínas de Nínive, talvez às margens do Eufrates... Não lembro. Acode-me à mente certo dia, quando, fitando o sol, caiu-me a máscara de quantas personalidades vivenciadas nos palcos da Terra. E ao relembrá-las, tão falsas e mentirosas, tão desumanas e artificiais, senti-me menos que um átomo ante a pureza, a benignidade solar. Quando eu poderia ser semelhante a um dos seus minúsculos raios... Quando?

* * *

Recordo agora aquele dia... Foi à margem do Ganges, sob o esvoaçar das palomas e gaivotas, em meio aos desnudos e fa-

---

1– Samvat: Por volta de 56 anos antes de Cristo.

mintos párias, eu era um deles, quando compreendi, afinal, o direito das gentes, o direito à vivência digna e nobre, o direito ao pão de cada dia, a um lugar sob o sol, a saciar-se o Homem em todas as fontes, o direito à igualdade entre nações e povos. No entanto, ali, à margem do Ganges, ainda não me despira ante a Eternidade. Até então não ressarcira a cicuta e o fel que forçara a beber aos meus irmãos em Humanidade. E estou longe ainda de fazê-lo.

* * *

Aqui inicio o último livro das minhas memórias às margens do Eufrates.

YOKANAAN, O PRECURSOR

Eis que vos envio o profeta Elias, antes que venha o dia grande e terrível do Senhor.

Malaquias, 4: 5

Como pastor apascentará o seu rebanho; entre os seus braços recolherá os cordeirinhos...

Isaías, 41: 11

E o vereis e alegrar-se-á o vosso coração.

Isaías, 66: 14

O Homem descera dos altiplanos de Samaria. Vinha devagar e só. A poeira, das muitas estradas percorridas, enxovalhara a veste branca talar, o manto vermelho de espessa lã e lhe acobreara os cabelos, que o vento cálido dos contrafortes da Peréia, além, esvoaçava.

Impassível, o Homem fixava o vale do Garizim que se

espalmava até o Jordão. As grossas alparcatas não escondiam em seus pés as marcas de espinhos dos cardos que brotavam nos ásperos, secos e pedregosos trilhos da Judéia.

Naquela manhã, o sol refulgia nas pastagens e sobre a folhagem dos sicômoros e tamareiras. Os trigais que margeavam a estrada que levava à Citópolis floresciam prenunciando alegria e fartura nos lares. Sobre eles, abelhas enxameavam à cata de néctar, e pássaros, em cânticos e voanças, ora pousavam nas fartas e longas folhagens das palmeiras, ora cortavam o ar, impregnando-o de harmonia e cores. O Homem atravessara o vale do Garizim e se aproximava do Jordão. Vinha de mãos vazias. A túnica e o manto simples testificavam a condição de humilde e pobre. De alta estatura, tinha no porte a leveza, a graça e a simplicidade dos seres que viviam em contato com a Natureza. A cabeleira, próxima aos largos ombros, era a de um nazareno. O rosto não se definia como o de um típico judeu, porque não era um rosto comum nem se assemelhava a esta ou aquela etnia. Era um rosto único. Ao depará-lo, inquiria-se:

— É belo? — E a uma só voz todos respondiam:

— Sim, é a própria Beleza!

Mas ninguém saberia descrever-lhe o perfil, o sorriso, o olhar... E as mãos seriam as de um carpinteiro, calejadas pela plaina e a serra? Ou as de um poeta compondo na avena o poema aos lírios dos campos a aos pássaros dos céus? Quem ousaria descrever aquelas mãos!... Eram as mãos dele, do Homem que viera das planícies do Esdrelão, só, sem alforje e dessedentando-se nas inúmeras fontes que jorravam das encostas de Samaria.

Quem seria aquele Homem que demandava o Jordão? No aglomerado humano que se comprimia em torno de João, o singular, estranho profeta que batizava, nada se perguntou, porque ninguém o percebeu e nem ele se fez notado.

A heterogênica multidão tinha só atenção e ouvidos para o Batista e viera até ali atendendo a voz de João, que, após a vivência no deserto por vinte anos em estudos e meditações, descera a Decápole e dali, à margem do Jordão, iniciando o seu Ministério, convocava todo Israel para o batismo e exortava para o arrependimento e remissão dos pecados. E bradava naquela singular voz, alta, forte, que ecoava por toda a Judéia e para além do Jordão, fazendo estremecer sobre os tronos, onde se situavam tetrarcas, sumos sacerdotes e doutores da Lei mosaica:

— Arrependei-vos, ó raça de víboras, porque é chegado o Anúncio do Reino dos Céus...

Porém aos simples e humildes, Yokanaan — o João da tradução evangélica — não atemorizava e nem aos que sofriam o jugo dos poderosos. Assim vinham ter com ele, em multidão, todos os povos da Palestina, exauridos do domínio romano e dos crimes dos seus tetrarcas, acobertados pela benevolência gananciosa dos fariseus e saduceus, os opressores das consciências em todo Israel. Eram eles os senhores da Lei, os intérpretes dela, sempre ciosos e atentos à letra, nunca ao espírito da Lei de Justiça contido no Decálogo. Eis porque a voz de João repercutia-lhes nas consciências como o grito da águia em defesa dos filhotes ameaçados pela cupidez dos caçadores... Soava-lhes terrível e incriminadora. Aquela voz do indomável profeta do Jordão não apelava, acusava. Era assim uma ameaça incômoda às suas torpes ações:

— Todo vale se encherá e se abaixarão todo monte e outeiro; o que é tortuoso se endireitará e os caminhos escabrosos se aplainarão. E toda carne [2] verá a salvação de Deus.

Onde a condenação eterna? Os suplícios infernais? — raciocinavam pecadores e publicanos e todo o povo execrado de Samaria.

Onde o repúdio aos gentios e aos povos bárbaros incircuncisos de além-mar? E todos os discriminados por Israel repetiam exultantes em suas almas:

— E toda carne verá a salvação de Deus.

Era a esperança gritando na voz de João Batista, o alento para todos que sofriam às mãos dos déspotas e poderosos, a angústia da sede e fome de justiça.

E essa voz se fizera ouvir há muito tempo, abalando com seu tom forte, enérgico — lembrando as sete buzinas de Josué — os alicerces dos palácios e fortalezas de Herodes Antipas, construídos com o suor de quantos inocentes, imolados à ambição, à glutoneria, à luxúria e à avidez de ganhos ilícitos do tetrarca das sacrificadas regiões da Galiléia e Peréia.

* * *

Porque toda a terra de Canaã, a Canaã das nações, onde os rios sabiam a leite e mel, fora dividida mais uma vez...

Distantes estavam os áureos tempos de David e Salomão. A árvore que unia os descendentes de Abrahão — o Monoteísmo

---

2– Carne: Tome-se o termo no sentido de alma ou espírito.

— estava sendo abalada profundamente em suas raízes, e, os seus ramos, arrancados com brutalidade, foram doados a herdeiros miscigenados, que os usavam para fustigar os fracos e humildes.

* * *

E no ano 15 do império de Tibério César, nos dias de João Batista, dominava o romano sobre Israel, fixado na Judéia, na Iduméia e em Samaria. Tinham os palácios em Jerusalém e Cesaréia. Administrava os interesses de Roma uma espécie de governador, um procurador, alto funcionário, sujeito, no entanto, à dependência do legado imperial da Síria. Assim determinara Tibério, após exilar Arquelau, o mais execrado dos filhos do Rei Herodes, o velho, que não sofrera, como os outros irmãos, à sua fúria assassina. Arquelau, em desagrado pelos crimes revoltantes contra o povo, e, também por intrigas do próprio irmão, o ambicioso e inescrupuloso Herodes Antipas, que, no entanto, não o sucedeu no cobiçado posto, tendo que se contentar em ser o tetrarca da Galiléia e grande parte da Peréia. E na época situada, ocupava o posto de procurador romano, o indeciso Pôncio Pilatos, e por esta honraria já havia passado vários patrícios.

Nas demais províncias, eram tetrarcas outros dois filhos do extinto Herodes: o acomodado Filipe, naquela parte que compreendia a Bataréia e a Gaulonitida; e Lisânias, o prudente, sobre a região de Abilene.

* * *

Yokanaan, o filho de Zacarias e Isabel, pressentia o término da sua árdua e difícil tarefa de anunciar o último Precursor da Verdade messiânica... Verdade que modificaria toda concepção teológica mosaica, nascida das pegadas brutais, trucidadoras do Êxodo israelita, quando da fuga do Egito.

A Verdade pré-anunciada por João — sabia ele — seria a maior revolução em todos os tempos da Terra. Isso porque revelaria as Leis divinas de Amor e Fraternidade; as de Causas e Efeitos e a Lei do Livre-Arbítrio. Esta última dignifica o Homem quando o responsabiliza — no âmago da Consciência e da Razão — por suas ações e naturais reações que as tenham como causas. Para tanto, recebera ele a outorga de autojuiz concedida por Deus. Assim, tem o Homem a liberdade de, ele próprio, ao desencarnar, se autojulgar e sentenciar, se em erro e crime contra o semelhante. Nada mais justo, nada mais perfeito. É o próprio cultivador de cicuta sofrendo-lhe a malignidade, respondendo perante o tribunal da própria consciência, que o julgará tão-só e sem apelações, por sua ação danosa, e, com mais rigor ainda, por suas conseqüências sobre o Próximo ignorante do Bem e, logicamente, presa fácil do Mal.

Estas Leis de Amor e Fraternidade manifestavam-se em contrapartida às de "dente por dente, olho por olho", desse estranho povo descendente de Abrahão, o beduíno das pastagens de Ur; povo que continua até hoje, em grande parte, pervagando por quantas nações, beneficiando-se nelas como se beneficiaram no antigo Egito dos faraós. Essas Leis iriam contrastar, evidenciando a defasagem gritante entre o homem egoísta e o homem fraterno; desarticulando assim, as estruturas tradicionais — a cujas bases viviam aferrados fariseus, escribas, saduceus e os teóricos doutores da Lei — e esquecendo-se a mensagem do Decálogo, vivenciava tão-só com diminutas exceções, a letra terrível deuteronômica que mandava destruir gentes e terras alheias, como prêmio divino ao errante povo de Israel. Era ele, esse premiador do Deuteronômio, o deus de Abrão, Isac e Jacó, tão apenas o deus de Israel — o senhor da guerra, imperador de fratricídios e quantas desumanidades — não o Criador de todos e de tudo. E ainda se dizia, esse povo, o Eleito de Deus, o guardião do Monoteísmo... em gritante contradição.

As Leis de Amor e Fraternidade, em próximo anúncio já se faziam sentir no verbo rude e destemeroso de Yokanaan, e iriam desarmar aqueles que acusavam, condenavam e lapidavam os seres, sempre os mais fracos e indefesos, que sofriam na carne e no espírito as torturas e morte no fosso da lapidação; e, ainda, então, a última novidade de suplício mortal importada de Roma: a cruz infamante... E sofriam, em acréscimo, o pior de todos os flagelos conhecidos, pior que a peste, a sede e a fome; sofriam, em tredos pesadelos, o terror às penas infernais eternas... Armas terríveis e poderosas, estas, inventadas certamente pela impaciência mosaica para deter os excessos daquele incontentável povo de Israel, em êxodo através dos desertos e terras estrangeiras, em curso de quarenta anos.

Inferno... Lúcifer... Eternas condenações... Armas terríveis e de tão malignas, feriam profundamente o cerne espiritual do Homem. Armas brandidas por todos que se proclamavam então, e, se proclamariam amanhã, representantes únicos e infalíveis de Deus na Terra.

EIS O CORDEIRO DE DEUS

*Voz do que clama no deserto: Aparelhai
o caminho do Senhor...*

Isaías, 40: 3

Naquela manhã, com a alma clarividente em expectativa por um instante que lhe fora anunciado há muito, João batizava em Salim e grande multidão o cercava.

O Homem que viera dos confins da Galiléia, em silêncio respeitoso, juntara-se às gentes que buscavam a água que lhes purificaria os corpos sujos de pecado. Envolvia o precursor um aglomerado de seres heterogêneos, díspares em seus propósitos e anseios. Estavam ali; ante ele, os tangidos pelo medo aos castigos infernais; outros, em súbito e passageiro arrependimento dos inúmeros erros e delitos; muitos, por curiosidade em conhecer o desassombrado e terrível profeta; e, bem poucos, em virtude de fé e elevação. E estes poucos, simples e humildes, vinham ter com João, porque ouviram dizer que ele anunciara tempos novos, onde os puros e bons conheceriam paz e bênçãos, e os maus e recalcitrantes no pecado, as negruras e asquerosidades fétidas da *geena*. E entre estes que buscavam o Batista pelo caminho da Fé, antecedendo as floradas que adviriam em próxima Primavera de Luz, estavam os seus discípulos.

* * *

— Quem sois? — perguntaram a João àquela manhã.

— A voz que clama no deserto! — respondera, incansável, o precursor, como já o fizera inúmeras vezes desde que descera de Decápole. E ao dizê-lo, o povo sempre julgava ouvir o próprio trovão. E os olhos do estranho profeta eram fulgentes e azuis como relâmpagos. Atemorizados, em arrependimento, jovens e velhos faziam penitências, batendo nos peitos em altos brados, ajoelhados, cobrindo a cabeça com terra.

E a multidão ia expandindo-se com gentes vindas de Jerusalém, da Galiléia, até da Síria e das cidades à margem do Mediterrâneo.

Além, do outro lado do Jordão, perfilavam-se os serros de Galaad, testemunhas silentes e impassíveis daquela manhã em azul e ouro. Os serros de Galaad estavam plantados como marcos naturais assinalando, no tempo e no espaço, a passagem da época da lei, que se afirmava na força e no domínio, por outra, a da Fraternidade e do Bem, cujo fardo seria leve e o jugo, suave.

* * *

Fariseus e saduceus, esquecendo divergências ancestrais, buscavam o filho de Zacarias para inquirições e, desconsertados, lhe ouviam a advertência que repercutiria, em vão, até os dias de hoje, e, talvez, de amanhã, nos ouvidos surdos pela hipocrisia e ambição, pela vaidade, inveja, ciúme, maledicência e orgulho humanos:

— Raça de víboras! Quem vos ensinou fugir da ira futura? Viveis em mentira e falsidade e com esta mão com que feríeis ao próximo, por ela própria sereis feridos amanhã.

E a um inquiridor escriba, que lhe perguntara como fugir da ira futura, João ensinara com rudeza:

— Produze frutos bons, e, quando em erro, sê digno de arrependimento sincero; e não presumas de vós mesmos; porque toda árvore que não produz bom fruto é cortada e lançada no fogo.

— Sois Elias? Ou sois outro profeta? Sois Isaías? — perguntou-lhe João, um adolescente Galileu, que ali viera ter em companhia de um homem de nome André, ambos pescadores do lago da Galiléia.

Com brandura, respondeu Yokanaan:

— Sou aquele a quem Isaías anunciou. Vim preparar o caminho do Senhor, endireitar-lhe as veredas, porque o tempo Dele é chegado.

— Que faremos, pois? — implorava a multidão ante aquele homem que lhes despertava as consciências:

O Batista, com o seu olhar de fogo, fixava aquela gente. Sentia que se aproximava a hora Daquele amorável Messias, há quanto tempo aguardado... Havia fome e sede de Justiça naqueles olhos que, ansiosos, em esperança, buscavam os seus. João os fitava preso de piedade e emoção.

* * *

As águas do Jordão refletiam a singular figura do precursor. O vento do norte fustigava-lhe o rosto moreno, crestado pela ardentia do deserto. A barba espessa e negra, como negros eram os cabelos hirsutos que não conheceram corte algum, contrastavam com o forte dorso despido de pêlos. O olhar, de um azul intenso, tinha brilho incomum, parecendo sempre inflamado, refletindo a chama do Amor divino que o mantinha acima do normal dos homens. Usava, como veste, uma pele de camelo e um cinto largo de couro que a cingia. Alto e forte e, em sua resistência e destemor aos brutos e poderosos, lembrava o vigor das tamareiras, sempre verdes e frutíferas apesar da canícula e ventos adversos. Alimentava-se de raízes e mel silvestre. Desconhecia desejos, fraquezas, ambição. A Terra jamais o possuíra; sentia-se nela como um exilado, estranho de paisagens outras. Era tão-só o ser que superara a sujeição à carne, graças à sucessão de renascimentos, de Elias a João, o Batista, e já revivenciara a transmutação de Homem em Anjo.[3] Dele diria

---

3 – Anjo: Aprendemos — é o ser que superou o estado humano e já está ingresso em planos mais elevados. (Nota de Josepho).

Jesus, a Quem anunciara e testificara:

— "Que saíste a ver no deserto? Uma cana abalada pelo vento? Mas que saístes a ver? Um homem trajado de vestidos delicados? Eis que os que andam com preciosos vestidos, e em delícias, estão nos paços reais. Mas que saíste a ver? Um profeta? Sim, vos digo, e muito mais do que profeta. Este é aquele de quem está escrito: Eis que envio o meu anjo diante da tua face, o qual preparará diante de ti o teu caminho."

* * *

João fixava aquela gente aflita e sem rumo. Quando aprenderia ela a vereda que a levaria a real ventura e paz?

— Que faremos, pois? — repetia a multidão.

O Batista, então, disse-lhe com simplicidade:

— Quem tiver duas túnicas reparta com o que não tem nenhuma, e quem tiver alimento faça da mesma maneira: divida-o com os carentes de pão — ensinava-lhe, assim, o início da solidariedade fraterna.

* * *

O Homem que viera da Galiléia ouvia, atento, em meio à multidão sôfrega e tão díspar no sentir.

Yokanaan fremia em espírito, pressentindo próximo, embora sem O ver ainda, o tão esperado.

Em Salim, o céu fulgia em luzes. Os pássaros cantavam em uníssono. A folhagem dos sicômoros e das palmeiras, sob a claridade da manhã, refletia o verde das esmeraldas. As águas do Jordão, o vale e os cimos distantes faiscavam como miríades de estrelas cadentes que sobre eles estivessem pousadas. Até das pedras das casas de Salim, e do pó dos vários caminhos que demandavam o Jordão, vinham estranhas refulgências. Dir-se-ia que a própria Natureza, àquela parte, como João, sentia a presença do anunciado. O céu e a terra, o rio e os montes pareciam gritar em exultação:

— Emmanuel! Emmanuel! — nesta linguagem tão eloqüente, das luzes, dos sons, das cores.

* * *

O Homem tudo testemunhava, em silêncio. Aquela era a hora de Yokanaan. O pináculo terreno afinal atingido. O epílogo de um edificante livro jamais escrito. Os grandes Mestres raramente gravam os ensinamentos. Sabem que eles repercutirão de espaço a espaço, fixados na memória do tempo. Porque quando a Verdade surge em toda pureza, se os homens não a proclamarem, as pedras e o pó, e tudo o mais, o farão. A Verdade é um oceano, jamais será represada, mas qualquer um imerso nela, pode sentir-lhe a profundidade.

A Verdade em João estava impressa no mármore escultural do seu espírito. Ele era a prova viva, bem clara e real, da Imortalidade do espírito, da Lei misericordiosa e divina da Reencarnação, ou como diziam então: da Ressurreição na carne. Muito em breve o Messias[4] lhe daria este testemunho, visando a toda posteridade:

---

4 – Messias: Em aramaico Meschikhâ: ungido.

JONATHAN - O PASTOR

— "Em verdade vos digo que, entre os que de mulher têm nascido, não apareceu alguém maior do que João Batista. Porque todos os profetas e a Lei profetizaram até João. E se quereis dar crédito, é este o Elias que havia de vir."[5]

* * *

Em respeito, o Homem fixava a figura do precursor, testemunhando-lhe a operosidade. Incansável, João abluía os corpos, exortando os espíritos ao arrependimento dos pecados e erros.

Uns tímidos publicanos suplicaram:

— Mestre, que devemos fazer?

E João, conhecendo a vida que levavam tão desprezível aos povos de Israel, lhes disse:

— Não peçais mais do que vos está ordenado... — e olhava-os com piedade, porque eles eram os detestados cobradores dos impostos de Tibério César.

O precursor falava e, infatigável, ia fazendo as abluções:

— Em verdade, vos batizo com água. Mas eis que vem Aquele que é mais poderoso do que eu, a Quem não sou digno de desatar a correia das alparcatas... Ele não vos batizará com água e sim com o Espírito da Verdade...

---

5 – Mateus: Capítulo 11 Vers. 11 a 14. Marcos: 9 Vers. 11 a 13.

A multidão crescia. Eram homens e mulheres, velhos e crianças, vindos das cidades lacustres da Galiléia, dos altos de Samaria, dos contrafortes da Peréia e de todos os confins de Israel. Ali estavam também mercadores de várias procedências: de Damasco, do Líbano, de Chipre, de Tiro, do Egito e da Etiópia, e até da Ásia e da Sicília.

Ali estavam gentios e povos da Síria e inúmeros romanos. Atentos, Joana e o esposo Chuza, procurador de Herodes Antipas, ouviam João, que os batizara e de quem eram amigos. Haviam chegado a bem pouco de Jerusalém, preocupados com os boatos sobre a prisão do Batista, várias vezes ouvidos. Mas ao vê-lo, em seu Ministério, tão sereno e tranqüilo, respiraram aliviados. Próximo deles viam-se milicianos e alguns tribunos. E as mais humildes gentes, pastores e camponeses dos vales de Jezrael e de Saron, vindos das pastagens e searas. Eram artífices, marceneiros, ourives, oleiros e os eborários, os trabalhadores de marfim. Homens do campo confundidos com homens da cidade. E viam-se servos e comensais da fortaleza de Herodes em Masqueros; guardas e amigos de Pôncio Pilatos; homens da Ituréia e das províncias de Traconítides e de Abilene.

E de olhos e ouvidos bem abertos, escribas a serviço de Caifás e de Anás, os sumo sacedortes do Templo de Jerusalém. E ao lado destes, em confabulação, os mercenários e perigosos espiões de Herodíades, ex-mulher de Filipe, homônimo e irmão por parte de pai, do tetrarca da Ituréia e Traconite, a quem ela deixara em Roma, para unir-se ao irmão daquele, Herodes Antipas; escandalizando até Roma e todo Israel.

João, como fizera Elias, o tisbita, a Ocabe e a Zezabel há nove séculos, também às margens daquele mesmo Jordão e aos pés do Carmelo, condenara-os pelos vícios, crimes e pela pecaminosa união, angariando assim o ódio mortal de Herodíades — a rediviva Zezabel — e um sentimento misto de medo e raiva por parte do supersticioso e covarde Antipas, que amava a mulher do irmão, embora pressentindo nela a víbora traiçoeira e mortífera. Fraco Ocabe... Novecentos anos não lhe bastaram para redimir-se dos erros, fraquezas, vícios e crimes...

* * *

A manhã se adiantara e já era hora sexta. E Yokanaan batizava e exortava os inquiridores sob o sol a pino do meio dia:

— Arrependei-vos... O eleito do Senhor não tarda e Ele já está bem próximo... Preparai-vos para recebê-Lo.

Alguns soldados, guardas da Torre Antônia, aproximaram-se do Batista, interrogando-o:

— E nós, soldados romanos, que faremos?

— A ninguém trateis mal nem defraudeis, e contentai-vos com vosso soldo.

Todos, ouvindo as palavras de sabedoria, consultavam em seus corações se João não seria o Messias anunciado. Perguntaram:

— Dizei-nos... Sois o Messias?

— Não! — gritou para que bem alto o ouvissem. — Não

sou o ungido do Senhor.

E mais uma vez insistiram:

— Então, sois Elias? — e o inquiridor era um dos enviados dos fariseus.

— Sou a voz que brada no deserto de corações como o vosso. Sou aquele que veio para aplainar o caminho do Senhor...

Súbito, João viu o Homem e os olhos do Homem fixaram os seus. O precursor estremeceu, reconhecendo-O — Era Ele! Era Ele! Afinal, viera... Ei-Lo ali, diante dele, o Emmanuel!

Deixando o rio, João aproximou-se do Homem, estendendo-lhe as mãos e as mãos do Homem uniram-se às suas. Houve naquele instante como um aproximar de estrelas...

A multidão bradava, alheia àquele instante ímpar:

— Se não sois o Messias, nem Elias, por que batizas?

— Eu batizo com água, mas no meio de vós está Quem anunciei. Este é Aquele que vem após mim, que foi antes de mim, Ele vos batizará com o Espírito da Verdade.

E observando que o Homem buscava as águas do Jordão, indicou-O à turba:

— Eis o Homem! Eis o Cordeiro de Deus que tira o pecado do mundo! Eis Aquele de Quem eu dou testemunho. É necessário que Ele cresça e que eu diminua. O meu espírito está em exaltação a Deus, meu Senhor e Criador.

A multidão não O entendeu e nem sequer Lhe ouvia as palavras. A multidão ignorou o Homem. Porque ela não tem olhos para ver nem ouvidos para ouvir; a multidão tem apenas braços e estes tanto podem aplaudir como apedrejar... Indiferente àquele momento único, a turba gritava apenas o nome daquele a quem tão somente via, ouvia e aplaudia:

— Yokanaan! Yokanaan!

* * *

O Homem dizia ao Batista:

— Vim para ser batizado.

Mas João se Lhe opôs, em humildade:

— Eu careço de ser batizado por Ti, e vens Tu a mim?

— Deixa por hora, porque assim nos convém cumprir toda a Justiça e a Vontade do Pai.

E Jesus, o Filho do Homem, foi batizado por João, o porta-voz de Deus. Cumpria-se a Justiça divina sobre Elias.

* * *

Mais uma vez, o Batista, dirigindo-se à multidão, testificou, indicando Jesus:

— Este é Aquele de quem vim preparar o caminho. "Eu vi o Espírito descer do Céu como uma pomba e pousar sobre Ele. E eis que uma voz dizia: Este é o meu Filho amado, em Quem me comprazo."[6]

A turba, no entanto, nada ouvia, e apenas gritava:

— Yokanaan! Yokanaan!

* * *

O Homem se afastara em direção do deserto... João, apontando-O aos discípulos — e Ele, que já ia bem à distância, disse-lhes:

— Eis que ali vai o Cordeiro de Deus. Segui-O...

Alguns dos discípulos do Batista foram atrás do Homem, mas não O alcançaram...

O Homem penetrara no deserto.

---

6 – João: Cap. 1 Vers. 32. Mateus: Cap. 3 Vers. 17.

JONATHAN, O PASTOR DE JUDÁ

*E chegando Jesus às partes de Cesaréia de Filipo,
interrogou os seus discípulos, dizendo: Quem dizem os
homens ser o Filho do Homem?*
Mateus, 13:16

Nós somos o deserto... A terra árida... O solo causticado. E veio a nós o Filho do Homem e os Seus passos repercutiram sobre o mundo e nós O sentimos presente em Espírito e Verdade, convocando-nos para a Paz e a Fraternidade, para a Mansuetude e a Luz.

Até Ele, o horror asfixiava as consciências torturadas pelo medo ao inferno e o temor a Deus. Antes Dele, o Amor era estranho aos espíritos encavernados em dolorosos labirintos, perdidos, acovardados e sem conhecer sequer saídas. E Ele veio... Sua presença iluminou todos os percursos, penetrou em todos os vãos e fácil foi encontrar, então, todos os rumos.

Tudo mudou. Agora era certeza, a solução, a linha reta. Estrela, ofuscou as demais estrelas; Luz fez a do sol transmudarse em sombra; Caminho, segui-Lo é desconhecer desvios. Ele veio, e o mundo O conheceu e ouviu-se a grande Revelação: O Filho do Homem disse: "Deus é Amor. A terra, campo de justiça. A vida, continuidade para o melhor." E a Humanidade concluiu:

— O Ontem é a razão do Hoje, o Hoje delineia o Amanhã.

E Ele veio e plantou-se a Esperança em todos os espíritos. Cartografado estava ante o olhar dos homens o mapa do Reino de Deus. Cabia tão-só, agora, executá-lo em obras na alma de cada um. Com Ele veio o programa, o roteiro único para atingir a Imortalidade.

Porque Ele, o Filho do Homem, é o Caminho, a Verdade e a Vida.

* * *

Não ouso descrevê-Lo. Não ouso biografá-Lo. Apenas, aqui, ousarei transcrever alguns fatos e um pouco do que foi dito, "porque Ele fez tamanhas coisas — diz João — que o mundo todo não poderia conter os livros que se escrevessem."

E eu, Josepho, digo como João, o apóstolo: Amém. Assim seja.

* * *

Então, farei o relato da história de Jonathan, o pastor de Belém de Judá, passada há dois milênios, quando eu era também pastor de ovelhas, não em Belém, mas nos campos verdes das terras da Galiléia, para onde fui ainda adolescente.

Nascera eu, Josepho, numa aldeia em meio ao vale do Hebron, na Judéia. Minha mãe, Ruth, era viúva pobre, a quem meu pai, ao morrer, deixara como herança apenas seis filhos, sendo eu o primogênito.

Além dos afazeres domésticos, para nos manter, Ruth mourejava nos trigais dos ricos agricultores, auxiliada pelos filhos. Ora semeava, ora separava o joio dos trigos, ora ceifava... Mas mesmo assim, era escasso o nosso alimento.

Quando já saído da adolescência, depois de muito pensar, minha mãe resolveu me mandar para as cidades lacustres da Galiléia, em busca de melhoria para as nossas vidas.

A pedido de um vizinho que operava num caravançará, amigo de muitos mercadores, fui agregado a uma caravana, onde passei a trabalhar como cameleiro-auxiliar, tendo por pagamento o transporte e a comida. Partira, deixando chorosos minha mãe e os cinco irmãos. Despedira-me em lágrimas, temendo não vê-los mais, tão distante parecia-me a Galiléia.

Foi nessa caravana que conheci Jonathan... E agora, neste presente, passo a relatar a sua história. Muitos a acharão fantasiosa, outros dirão: quanta inverdade... E alguns a aceitarão como real, por ser simples e transcrita sem pretensões para almas não presas a convenções e dogmas, almas simples e boas como a de Jonathan.

EMMANUEL. O MESSIAS. AFINAL!

Bem-aventurados os limpos de coração,
porque eles verão a Deus.
Matheus, 5: 8

E ra a hora sexta, e o sol, então, unira a manhã à tarde outonal, envolvendo tudo sob nuances de um céu azulopalino.

Estava no final da colheita, e os prenúncios do *kislev* já se faziam sentir no entre morno e frio do anoitecer...

Jonathan seguia, com olhar experiente, os jornadeiros colhendo as azeitonas e levando-as, em cestas, às tulhas para imprensá-las antes de conduzidas aos lagares, onde se converteriam no puríssimo azeite da Judéia. Ele sempre assistia ao término da apanha como se fora uma festividade. O canto uniforme dos jornadeiros na recolha, embora enfadonho, soava-lhe tão ameno quanto o som das avenas pastoris.

Sentava-se à sombra de velha oliveira e o sol a pino, incidindo sobre tudo, o deliciava. Porém, não fora pelo calor do meio dia nem para acompanhar a colheita, embora esta o alegrasse, que Jonathan buscara aquele recanto bem afastado da casa alpendrada que se erguia além, onde morava há dezoito anos.

Abrigar-se sob aquela oliveira fora hábito adquirido desde que viera da Galiléia para se fixar novamente em Judá, na planície do Hebron. Ali se isolava de tudo e de todos. No entanto, o que fora antes um hábito, visando preservar por alguns instantes a sua privacidade, passara a ser, com os anos, o consolo de sua amargurada e solitária velhice. Porém, plena de agradáveis reminiscências...

E era, sob aquela árvore amiga, abrigo de suas mais caras recordações, onde Jonathan vinha sempre meditar e reviver as passagens estranhas, singulares de sua existência passada, inexplicáveis, até então, ao seu entendimento de pessoa simples e sem malícia.Recolhia-se sob a oliveira quase todos os dias, àquela hora, sem perceber como isto impacientava e desgostava o filho Daniel. Parecia alheio até ao vai e vem dos viajantes em trânsito pela estrada, que atravessava toda a Judéia até os confins de Samaria e Galiléia e margeava suas terras.

Muitos desses jornadeiros vinham à herdade em busca do precioso azeite ou de repouso à canseira das longas viagens. Alguns dos caravaneiros eram velhos amigos de Jonathan desde que ele viera da Galiléia, e deles recebia informes dos antigos conhecidos e de pessoas outras que faziam parte dos seus inesquecíveis recordos...

— Lembra-te de José, filho de Jacó? — perguntara-lhe certa vez um desses mercadores.

— Sim... — respondera Jonathan — Era um dos melhores carpinteiros de Nazareth. E tinha um filho de nome Jesus. Não o esqueci... Formavam uma família encantadora, ele, os filhos e a jovem esposa Maria.

— Morreu.

— E o filho de nome Jesus, sabes que destino teve? Era um menino tão belo e tão pleno de graça e entendimento como jamais vi outro igual. Quando deixei a Galiléia, estaria com uns 12 anos...

— Nada sei sobre este filho de José. Certamente, substituiu com os irmãos, o pai na carpintaria...

Recordava Jonathan, sentado em rústico banco ali, sob a oliveira. Rever Jesus, acompanhar-Lhe os passos, ouvir-Lhe a voz eram seu constante pensar. Sonhava falar-Lhe, o que não pudera fazer enquanto ele, menino, sobre aquela extraordinária Madrugada que o fizera achar sombrias as madrugadas que testemunhara depois. Ah! As cores, as luzes, os sons, a harmonia — que eclipsaram aos olhos de Jonathan todas as formas de beleza manifestas à Terra — daquela estranha e extraordinária Madrugada...

Talvez Jesus gostasse de ouvir sobre aquela noite, quando o encontrara nos braços de sua mãe, que o amamentava ante o olhar deslumbrado de José. Aquela noite iluminada por quantos astros e por uma estrela diferente de todas as conhecidas nos céus da Judéia. Estrela que lhe parecera flechas flamantes em lampejos longos e luminosos, aclarando todos os caminhos daquela parte da Terra e para lá do Oriente. Ah! Como gostaria de contar a Jesus o que testemunhara naquela Madrugada... e o olhar de Jonathan voltava-se para a estrada como se ela o fascinasse com um quase imperceptível apelo.

* * *

Os jornadeiros colhiam as sazonadas azeitonas e se lhes ouviam risos e gracejos, em meio à monotonia das cantigas. Alguns passos além, Daniel olhava o pai com evidente desagrado.

Jonathan, abstraído de tudo, parecia estar observando o movimento da estrada, mas, em realidade, continuava imerso em recordações...

Nos primeiros e floridos dias de nissan,[7] fora com o filho Daniel, a nora e alguns vizinhos, até Salim. Partiram levados por informes de quantos peregrinos que buscavam as águas do Jordão ansiosos de ver e ouvir Yokanaan, e por ele serem batizados. Jonathan seguira pleno de fé e, em fé, recebera o batismo. Porém, observara com tristeza que o filho e a esposa foram impelidos por curiosidade apenas, embora, ao regressar, viessem em temor de tudo que ouviram do profeta do deserto.

Seguira na esperança de que Yokanaan, além de purificar-lhe o corpo, indicasse meios de encontrar àquele que conhecera infante... No entanto, ouvira em Salim apenas estranho anúncio:

— Eu vos batizo com água, mas eis que vem Aquele que é mais poderoso que eu e que vos batizará com fogo, porque suas palavras hão de vos queimar as consciências.

---

7 – Nissan: Primavera em hebraico (março e abril).

Seria o anunciado por Yokanaan o menino que conhecera naquela Madrugada? — indagava-se Jonathan no regresso ao lar: alguns dias antes, ouvira os comentários de nobre mercador recém-chegado de Jerusalém, amigo de Daniel, de passagem pela herdade. Lembrava bem o diálogo que escutara com emocionada atenção. Dissera o mercador:

— Os fariseus e os doutores da lei e até os pretensiosos saduceus estão agora preocupados com as pregações de certo Rabi da Galiléia, a quem o povo ouve e segue. Dizem que tem operado milagres, mas não testemunhei nenhum. No entanto, um escriba, muito douto em leis, amigo do eminente José de Arimatéia, homem rico e influente junto ao governador romano, e amigo de Chuza, procurador de Herodes e um dos muitos que crêem no Rabi, me afirmou que assistiu à cura de um leproso. Não tenho muita fé nessas coisas... E nada de extraordinário achei no Rabi quando o vi.

Atento, Jonathan prestara ouvido ao que respondera Daniel.

— Compreendo-te. Também não creio em tudo o que vejo e ouço. Esse de quem falas deve ser mais um desses falsos rabis, dos muitos que aparecem em Jerusalém. E deves saber, meu nobre amigo, o que fala o povo: Nada de bom e verdadeiro pode vir da Galiléia...

— Não nasceste lá? — surpreendeu-se o mercador.

— Tem culpa a semente se o passarinho a deixa cair em qualquer parte?

O nobre sorriu e quando respondeu o fez com ironia:

— Se esta qualquer parte a que te referes é a Galiléia, não sou da opinião popular... Acho aquela região agradável e sempre me pareceu um dos recantos mais amenos de Israel.

Jonathan escutara outros informes sobre o rabi galileu, através de mercadores vindos da Galiléia. No entanto, ainda não tinha certeza se aquele rabi falado por muitos seria o menino nascido naquela madrugada ímpar.

E então — já fazia muito tempo — passara pela herdade, solicitando descanso, um jovem de nome André em companhia de um quase menino que dissera chamar-se João. Ambos informaram ser pescadores da Galiléia e haviam estado em Salim, onde deixaram Yokanaan batizando.

Tinham vindo até ali por uma razão que não precisaram quando perguntados.

Ouvindo o nome do profeta do Jordão, Daniel, que não gostava de acolher pessoas de pouca importância, como aparentavam ser os dois viajantes, perguntou se eram batizados. Assim, fez mais por implicância aos hóspedes e não por acreditar no Batista, porque até a este dispensava dúvidas, embora fizesse disto prudente reserva.

— Sim — respondeu André —, e somos discípulos de Yokanaan.

Logo a notícia da presença dos dois na herdade foi propalada, e todos para lá acorreram, senhores e servos, desejosos de saber as últimas novidades sobre o precursor. E um tumulto de perguntas envolveu os recém-vindos, causando-lhes surpresa e certo temor, ante aquela gente ansiosa e expectante. João, aproximando-se mais de André, perguntou baixo, em aramaico:

— Vais falar-lhes sobre o rabi?

Daniel, que estava próximo dos dois, interferiu com indisfarçável aspereza, antes de André responder:

— Falo a tua língua, peregrino, pois nasci na Galiléia. Que rabi é este? São ou não são discípulos de Yokanaan?

André não se intimidara com a maneira rude de Daniel. Mesmo porque não era fácil intimidar um pescador acostumado às súbitas e violentas tempestades do lago da Galiléia. E com a mesma serenidade que as enfrentava em seu pequeno barco, respondeu às intempestivas palavras do descortês hospedeiro:

— Somos discípulos do Batista. Deixamos nossas redes em Bethsaida, de onde provimos, para segui-lo. E o fizemos desde as primeiras notícias que nos chegaram sobre ele.

— E esse rabi, quem é?

— É uma longa história. Talvez não tenham tempo para ouvi-la — esquivou-se André.

— Se perguntamos, queremos resposta. Que existe em comum entre esse rabi e o Batista? Explica-nos, pescador — inquiria, sempre com impertinência, Daniel.

— Sim, conta-nos. Fomos quase todos batizados por Yokanaan — insistiram os demais, sem grosseria, mas ansiosos em saber notícias do profeta. Fala! Fala! — exortavam.

— Conta-lhes a verdade, André. Jeová há de inspirar-te — aconselhou João com essa voz suave dos adolescentes.

Do interior da casa, vedado aos forasteiros, vinham, abafados, risos e vozes de crianças e mulheres. Estavam os dois viajantes sob o alpendre. Aproximando-se deles, Jonathan suplicou a André:

— Por favor, dize-nos o que sabes sobre o rabi.

— Não sei muita coisa, venerável ancião, mas o pouco que Dele conheço posso e o devo revelar a quem deseje ouvir...

Fora, nos olivais, aves esvoaçavam em trinados e chilreios. No pátio, um cão latia, brincando com um cabritinho. As pessoas se aproximaram, já agora em silêncio, quase tocando em João e André. Este começou a sua narrativa:

— Apareceu um Homem, certa manhã, em Salim e foi batizado pelo profeta. Ninguém O notou, nem nós, os discípulos do Batista... Passou pela multidão, sem um gesto, sem uma palavra. E após o batismo, dirigiu-se para o deserto, lá para as bandas da Peréia. Seguiu em silêncio e sozinho. No entanto, Yokanaan O reconhecera e, mal o Homem se afastara do Jordão, ele nos revelou, em evidente comoção, que Ele era o

JONATHAN - O PASTOR

Cordeiro de Deus anunciado por todos os profetas...

Da pequena multidão que se comprimia em torno dos dois viajantes, ecoaram exclamações de surpresa e júbilo:

— Senhor meu, será possível?! O Emmanuel! O Messias! Afinal! Afinal!... — ouvia-se como uma só voz.

Jonathan, mais uma vez, perguntou:

— O que houve de extraordinário, para o Batista fazer tamanha revelação?

Daniel, ouvindo o pai, interferiu, mais uma vez, abruptamente:

— Pai, não deve dar crédito às histórias desses pescadores. A mim, elas em nada impressionaram.

André, como se não tivesse ouvido o hospedeiro, respondeu impassível:

— Yokanaan O reconheceu antes de batizá-Lo. Porque além de ser monitório, possui poderes desconhecidos a nós outros, seres comuns. E ainda nos revelou que Aquele que o mandara preparar o Caminho do Senhor, lhe dissera: "Sobre Aquele que vires descer o Espírito e sobre Ele pousar, Esse é o meu enviado". E ao batizar o Homem, o Batista viu descer do céu uma pomba e pairar sobre Ele. E ouviu, também, uma voz que dizia: "Este é o meu Filho amado, em que me comprazo." E desde então, Yokanaan testifica que aquele Homem é o Cordeiro

51

de Deus. E André calou...

Então, um daqueles que o ouviam disse:

— E eu que julgava o Batista ser o Messias... E ele é, em verdade, Elias, que deveria retornar antes do ungido.

— Sim! Ele é Elias! — gritaram todos.

— E tu, forasteiro, que dizes sobre isto? Yokanaan é Elias ou o Messias? — indagou Daniel com maliciosa ironia.

Paciente, o pescador esclareceu:

— O Batista, insistentemente, nos revelava: "Após mim vem um varão que foi antes de mim, porque já era primeiro de que eu"... E isto ele repetiu, mais de uma vez, diante de nós, ali em Enom, onde costumava batizar também. E afirmara várias vezes para quem quisesse ouvir: "Eu não sou o Messias, mas o enviado adiante Dele." E em particular dizia a nós, os discípulos: "O Pai ama o Emmanuel e, desde o princípio da Terra, todas as coisas dela entregou nas suas mãos." E o Batista aconselhou a todos, após o batismo do Homem, que seguíssemos Aquele a quem chamava Cordeiro de Deus. Nós dois, João e eu, fomos em busca do rabi, a quem ainda não conhecíamos. Queríamos encontrá-Lo no deserto e chegamos para lá do vale do Hebron. E, passados muitos dias em nossa busca, soubemos que o novo rabi anunciado pelo Batista já voltara para a Galiléia. E agora, como vêem, estamos retornando da nossa longa jornada a procura Dele, e pretendemos ir ao seu encontro onde estiver...

Jonathan, desde o relato do pescador, passava horas à som

?bra da oliveira, fixando a estrada... Seus olhos fulgiam em estranho brilho. Às vezes, em surdina, salmodiava:

— "Exulta e canta de gozo, ó moradora de Sião, porque o santo de Israel grande é no meio de ti."[8]

---

8 – Isaías: Cap. 12 Vers. 6

O APELO DA ESTRADA

*E Jesus disse: Segue-me e deixa aos mortos sepultar
os seus mortos.*

Matheus, 8: 22

Eu, Josepho, escrevo, neste pequeno espaço, em meio às lembranças de Jonathan, rápidos informes sobre ele...
Aquele olival fora plantado pelo ancião quando naquelas terras viera habitar. Herdara aquela propriedade de um tio, irmão de sua mãe, quando se encontrava em Canaã, onde habitava então. Criança ainda, partira com os pais para a Galiléia e viera a Judéia, já homem, para nela operar, indo trabalhar nas planícies de Belém, retornando tempo depois para Galiléia, onde se encontravam os velhos pais. Eles eram judeus da Fenícia, fixados em Tiro, e vieram para a Galiléia como serviçais de um rico senhor, de grandes posses na cidade aduaneira de Cafarnaum. Mortos os seus pais, Jonathan casara com Raquel,

quando ainda em Galiléia, vindo ela falecer ali após dar à luz seu último filho Daniel. Alguns anos depois, quando já de posse da herança, viera para a Judéia, onde se fixara, próximo a uma aldeia no vale do Hebron. Tivera, antes de Daniel, mais dois filhos: Jacó, o primogênito, e Esequias. No entanto, quando estes já varões, solicitaram as suas partes na herança do tio, da qual se sentiam com direitos e, de posse delas, partiram com a intenção de conhecer terras estranhas. Jonathan confortara-se, pensando que talvez eles fossem felizes como o fora o pai Abrão ao deixar Ur... Mas dos seus dois filhos nunca mais tivera nenhuma notícia... Em tristeza, lembrava do seu velho pai que lhe dissera certa vez; quando ele, Jonathan, quisera vir, e viera, para a Judéia:

— Jonathan, os filhos têm asas... Voam para além dos nossos horizontes quando menos esperamos.

Sim... Jacó e Esequias tinham asas, como ele as tivera um dia... Então, depois da partida dos dois filhos, que o auxiliavam nos trabalhos da herdade, ficara só com o caçula. Daniel, com poucos anos ainda, e em nada podendo ajudá-lo nas inúmeras e árduas tarefas que as suas terras exigiam. No entanto, com coragem e disposição, Jonathan acrescera, de muito, os talentos que sobraram das exigências dos filhos, a quem tanto prodigalizara.

Suas terras, próximas às montanhas de Judá, não eram férteis; contudo, soubera fazê-las frutificar ao máximo em olivais e, assim, prosperara. Mas, ao sentir o dolorido calo dos muitos anos de trabalho, e ansioso de agraciar o filho com a sua confiança, pouco a pouco, foi passando o governo da casa, e de todos os seus bens, para a mão de Daniel, já homem feito, casado e pai. Este não tardara a tudo dirigir como se fora o único senhor e senhor absoluto, sem lembrar sequer de consultá-lo nas mínimas decisões...

Jonathan, ao casar-se Daniel — e este tomara como esposa, Sara, filha de um rico proprietário de terras —, cedera-lhe a sua alcova, atendendo as razões do filho. E, à proporção que nascia mais um neto, Daniel e a esposa exigiam o quarto que ocupasse no momento; e assim, quando percebeu sua triste situação, ficara obrigado a partilhar com um servo o último cômodo, localizado fora do corpo da casa. Não lhe era mais permitido, ao crescerem os netos, fazer as refeições em família, alegando Sara que suas maneiras rudes, quando à mesa, prejudicavam a educação que administrava aos filhos. Jonathan passara, então, a fazer as refeições em companhia dos serviçais, que lhe demonstravam respeito, embora procurassem disfarçar a piedade que sentiam por ele. No entanto, notavam admirados, crescendo-lhes por isso o respeito e a piedade, que Jonathan nada reclamava, recebendo com ânimo e coragem as migalhas que o filho ávido e ingrato lhe destinava.

— E dizer que é o dono de tudo aqui... — murmuravam os servos.

Na verdade, em seu íntimo, Jonathan não se sentira jamais feliz com a vida sedentária a que a herança do tio o conduzira. Era, por índole, um nômade. As paredes da confortável casa, quando dela ainda dispunha, sempre o oprimiram; e, à noite, ao fixar-lhe o teto limitado e sombrio, sentia falta da amplitude das planícies, do fulgir dos astros e das noites de plenilúnio.

Adormecia, após, opresso com a saudade das pastagens de Belém e Galiléia que jamais esquecera... Porque Jonathan, em seu íntimo, jamais deixara de ser pastor.

* * *

Voltemos à sombra da oliveira. Os jornadeiros, em cantares e risos, continuavam na colheita, enquanto Jonathan aparentava observá-los na apanha, mas em realidade estava imerso em suas recordações...

* * *

Daniel aproximou-se do pai, já sem poder conter a contrariedade que a pessoa dele ali lhe provocava. Sem preâmbulos, disse:

— Gosta mesmo de expor-me e expor-se à maledicência dos jornadeiros... Não vê que estão a rir de nós dois? Por que não se restringe a passar os dias em seu quarto, como ancião inútil que é? Não percebe que não tem mais força sequer para apoiar-se neste cajado que teima em não abandonar, como se fora ainda aquele mísero pastor, trescalando a fartum dos cabris?

Jonathan, surpreso com as palavras do filho, fixou-o com estranheza. E não percebendo ainda os sentimentos de Daniel, perguntou-lhe com brandura:

— Incomoda-te tanto assim, filho, ver-me sob esta oliveira? Costumo sentar-me aqui há bastante tempo e somente agora vens dizer-me que isto o desagrada? Gosto de repousar neste local... Sempre fiz isso como um refúgio, onde me abrigo para meditar e deleitar-me com as coisas à minha volta. E hoje é um dia especial, sabes como me alegra assistir à farta colheita dos nossos olivais.

— Farta e rica colheita graças ao meu esforço tão-só... É bom não esquecer isto, pai. Mas estou aqui para preveni-lo. Não quero mais vê-lo sob esta oliveira. Se isto é um hábito antigo, pouco me importa. Cansei de vê-lo sentado aí como guardião destes olivais, expondo-me à murmuração de todos.

— Mas filho, faço isto há tantos anos... Por favor, Daniel, não desejo desagradá-lo, porém esta sombra me abriga, é um lenitivo à minha velhice, não sei em que isto possa desgostar-te. Não o compreendo... Estás contrariado por outra coisa, certamente.

— Pode fazer-se de desentendido, pai. Mas se continuar vindo aqui, se insistir nisso, obriga-me a arrancar esta oliveira e até as raízes dela serão queimadas. Não basta viver lamentando-se e imprecando contra mim e os meus, e ainda quer envergonhar-me ante os jornadeiros? Chega de insanidade!

— Não, filho, isto não é verdade. Deus me livre de agir como dizes...

— Age sim, e bem sei por quê: quer que os vizinhos e os serviçais o tomem como um pobre pai abandonado pelo filho.

— Enganas-te, não me queixo a ninguém, mesmo porque não me sinto um pai abandonado. Não criei os filhos para mim, mas para a vida que escolhessem. Não, não me sinto abandonado por nenhum dos meus três filhos.

— No entanto assim é, todos sabem! Foi abandonado por Jacó e Esequias, meus astutos irmãos, que o largaram sobre os meus ombros. A verdade, dói ouvi-la, mas se não fora eu, há muito estaria morto ou entregue à cupidez de um servo qualquer visando-lhe à herança... Talvez até mendigando como um velho inválido que é. Vamos! Vá para o quarto! Não quero mais encontrá-lo aqui, com este olhar apalermado, parecendo um demente, quase sempre fixando a estrada...

Jonathan sentia que estava vendo pela primeira vez a alma do filho em seu real aspecto: fria, rancorosa, má e mesquinha — e, em seu íntimo, chorava por esta constatação. Como puderam ele e Raquel, ela tão boa e ele tão simples, gerar um ser tão ingrato, tão ferino, como estava revelando-se Daniel...

— Imagine só, meu Deus, queimar até as raízes da velha oliveira... Era preferível matar-me, sofreria menos. O velho pastor falava na voz do silêncio, que é a voz das grandes emoções e que se manifesta nas horas das reais dores humanas e é tão mais eloqüente que qualquer douto discurso. A voz do silêncio, e é com ela que todos os tristes e injustiçados falam a Deus.

Daniel continuava sua catilinária injusta e cruel:

— Certamente, vive aqui relembrando aquelas visões que teve nas pastagens de Belém, quando pastoreava na Judéia. Não se convenceu de que tudo que pensa ter visto não passou de miragens de gente simples e ignorante como o pai e os outros pastores. Ainda bem que parou de falar essas loucuras à minha família e aos vizinhos.

— Fiz assim para satisfazer-te, filho, atendendo a teu pedido. Não por descrer no que testemunhei...

Daniel sequer o ouvia, preso aos impropérios que a raiva lhe ditava:

— E o que dizer do Menino nascido num estábulo, onde nascem os brutos e os répteis?

Foi como o ponto final de um livro pleno de tristezas e amargores. Aquelas últimas palavras atingiram profundamente a alma do antigo pastor. Porque essas lembranças eram sua única razão de ainda viver na Terra. Nelas repousavam o seu passado, o presente e o seu incerto futuro. Vivera de algo indefinido há tantos anos e, agora que o poderia precisar, restava-lhe pouco tempo para mais outra longa espera. E talvez já fosse tarde... Ah! Se Deus lhe desse coragem... — e os olhos de Jonathan voltaram-se para a estrada.

Daniel, ainda mais enfurecido com o silêncio do pai, que parecia alheio às suas palavras, repetia:

— Sim! Nascido num estábulo onde nascem os brutos e os répteis.

Como se o ouvisse somente agora, Jonathan suplicou em quase sussurro, com a voz trêmula de emoção contida:

— Por misericórdia, filho, respeita-me os sentimentos, sou teu pai...

— Não se envergonha em lembrar-me isto? Que bom pai foi... — Havia desprezo e rancor na voz de Daniel, cada vez mais exaltado:

— Graças àquele Menino, filho de um reles carpinteiro, nunca teve tempo para nós, seus filhos órfãos de mãe e, em verdade, órfãos de pai, também. Ou estava no pastoreio ou ao lado dele em contemplação. Salvou-nos do abandono a que a sua irresponsabilidade nos condenara, a herança do tio, que o afastou da maldita Galiléia. Pensa que não me lembro, que o esqueci?

— Não és justo, Daniel, e nenhum bem te fez o batismo no Jordão... Porque a água visava lavar-te a alma e não o corpo. Este o trazes perfumado, mas neste instante observo, com tristeza, quanto tens a alma obscurecida por sentimentos torpes. Não pareces um israelita seguidor das nossas sagradas Leis, que mandam honrar os pais.

— Como ousa dizer-me tamanha abominação? Sou um homem de bem e respeitador dos Mandamentos. Irou-se porque ouviu a verdade e não gostou. Sim, se não fora a herança do tio, ainda estaríamos lá, nos cabris, sofrendo-lhes o asqueroso fartum, porque o nosso destino seria o pastoreio também. Mas

Jeová é todo Justiça. Seja louvado o seu santo nome! Ele sabia que nós não éramos como o pai e merecíamos outro destino. A minha nobre esposa tem razão quando diz que o sogro ainda vive preso ao redil e às pastagens.

— Anseio por eles... Nunca deveria tê-los abandonado.

— Se é assim, por que não voltou para lá quando assumi o governo de tudo aqui?

Jonathan não respondeu, olhava o filho de maneira singular, como se fixa alguém de quem não lembramos, alguém de todo desconhecido...

Daniel continuava em vitupérios. Dir-se-ia que o rancor represado por tanto tempo agora se expandia e, como violenta catadupa, pejada de raiva, caía sobre Jonathan, abatendo-o em dolorosa surpresa ante tamanha fúria. Dizia, irado com o silêncio do pai:

— Cala porque gosta de viver à sombra não só desta oliveira como do trabalho meu. E se aqui vive sob meu esforço e guarda, proíbo continuar expondo-me às murmurações dos vizinhos e serviçais. Vamos, obedeça, vá para o quarto e de lá não saia a não ser com o meu consentimento — e Daniel erguendo os braços para o alto, lamentou-se:

— Infeliz de mim que tenho um pai que me causa só desgostos e mais trabalho e preocupação que os meus filhos... Pobre de mim!

Jonathan, como quem chega à conclusão de um complicado problema até então insolúvel, aparentando não dar atenção às palavras injuriosas do filho nem aos seus lamentos, falou com serenidade, parecendo fazê-lo mais para si do que para ele:

— Somente agora, Daniel, percebendo todo o teu rancor, compreendi o quanto tenho sido estorvo à tua tranqüilidade e à paz de tua família. É necessário que te esclareça, e que isto fique bem claro: renunciei, ouve bem, filho, renunciei a tudo não por ócio nem por comodidade, mas por amor a ti e aos teus. Reconheço agora que errei, e muito. Não foi bom para nenhum de nós dois. Porque confiando os meus bens às tuas mãos, julgando facilitar à tua vida e a dos teus, fiz um grande e irreparável mal à tua alma.

— E ainda ouço isto! Que infâmia! Está mais insano do que pensei — gritou em exaltação Daniel, fixando o pai com olhos turvos de raiva, esquecido de tudo, até dos jornadeiros que, ouvindo-lhe as palavras desde o princípio, olhavam-no com indisfarçável indignação.

Jonathan concluíra que era inútil falar mais. Calou, e os seus úmidos olhos buscaram a estrada além... Uma grande caravana apontava, vinda do sul. Daniel falava e ele não o ouvia, atento à aproximação da caravana.

— A vida que levo hoje aqui, comparada à que o pai sempre teve, é fardo bem pesado. Querer desconhecer o muito que fiz, é revoltante! Tudo lhe foi sempre fácil, não tem razão nenhuma para reclamar da sorte. Não esqueça que veio dos cabris para usufruir a herança do esforço de um tio que soube amealhar.

Colheu, pois, o que não plantou. E eu, lutando de sol a sol para dar pão aos meus, e ainda tenho de preocupar-me com um ancião que quase nada aprendeu do mundo e, ainda mais, fugiu das responsabilidades, abusando da força do próprio filho, a quem agora insulta...

Na estrada, a caravana aproximava-se com os camelos carregados das mais variadas espécies de mercadorias. Ao vê-la tão perto, o olhar de Jonathan fulgiu, resoluto.

Daniel exprobrava, sem notar que o pai há muito não o ouvia:

— Vamos! Levante-se! Não vê que estou perdendo meu precioso tempo? Volte para o quarto e chega de demência...

Jonathan, tomando o cajado com firmeza, ergueu-se, parecendo rejuvenescido. Para espanto de Daniel, firmou bem os ombros ainda fortes, sem sequer olhar o filho, encaminhou-se com passos seguros em direção à estrada.

Daniel, não lhe compreendendo o propósito, seguia-o com o olhar, sem se afastar da velha oliveira, julgando que o pai enlouquecera. Aquele impulso tão súbito — pensava ele — e incomum a seu pai, não passava certamente de mais um sinal da insânia do velho... Logo voltaria à razão e à casa.

No entanto, enganava-se. Porque Jonathan, com passos largos e firmes, atingira rápido a estrada. Sem dar explicações sobre a sua presença ali, aproximou-se da caravana e solicitou que o auxiliassem a chegar até a Galiléia.

Um dos caravaneiros, Natan de Sídon, homem velho, afeito aos dramas humanos e bem informado da vida atual de

Jonathan, seu antigo e probo fornecedor de azeite, de quem sempre recebera crédito, ao vê-lo saudou-o sem aparentar surpresa nenhuma. E como resposta a solicitação do antigo pastor, fez abaixar-se um dos camelos de sua propriedade e ajudou o velho amigo a subir-lhe sobre o dorso.

E foi assim, afinal, que Jonathan atendeu o apelo da estrada.

* * *

Quando Daniel compreendeu, em aturdimento, que a saída do pai não fora um mero capricho, correu até a estrada. Não se apercebera, ainda, que o ancião partira sem sequer olhar para trás... Só se convenceu quando viu a caravana desaparecer numa curva, já bem distanciada, não sendo possível, se o quisesse, alcançá-la mais; aturdido, porém nada triste, e até com sentimento de alívio, porque aquele velho pai, com a sua presença tornara-se um estorvo bem incômodo. Jonathan, para aquele filho, era a testemunha de um delito, senão a própria vítima perante o criminoso. A presença do pai não apenas o molestava, como o atemorizava de certa forma, dando-lhe uma sensação de instabilidade e insegurança, com esta mesquinha mentalidade de todo avarento, egoísta e ambicioso, preso aos bens materiais, sempre temendo perdê-los e por eles sacrificando tudo.

Eu, Josepho, que o diga, porque ainda guardo no espírito as cicatrizes desses ferinos sentimentos.

Daniel, encaminhando-se para a herdade, procurava não passar próximo dos jornadeiros. Assim fazia por um motivo: no íntimo, compreendera que não fora ele quem escorraçara o pai e, sim, fora o pai quem o escorraçara... E esta sensação de derrota causava-lhe um misto de vergonha, humilhação e rebaixamento, eis porque se esquivava do testemunho dos serviçais.

Ao vê-lo aproximar-se evitando os seus olhares, os jornadeiros, que testificaram toda a triste cena entre filho e pai até o surpreendente desfecho, pararam os seus cantos e a faina e, com risos de satisfação e ironia, acompanharam o retorno vexatório de Daniel à casa. Nesta tarde mesmo, despediram-se todos, revoltados com as ações daquele filho ingrato, indo álacres em busca de outros olivais.

* * *

Mantendo próximas as animálias, e já a caminho, Natan perguntou com polidez:

— Jonathan, o que buscas na Galiléia?

— Jesus de Nazaré.

— Todos que procuram Jesus sempre O encontram. Já O vi mais de uma vez falando a grandes multidões. Escutei o testemunho de um ex-cego que se dizia curado por Ele. Em verdade, quando o vi, o homem enxergava mais que eu, possuidor de boa visão. Também soube que vários paralíticos recuperaram os movimentos, graças ao rabi. A última vez que O encontrei, Jesus estava em Bethsaida.

— Vou procurá-Lo em Nazaré, onde o conheci menino.

— Demonstras que o conheceste, pois todos dizem que Jesus é de Nazaré. Deixar-te-ei após Naim, próximo ao Tabor. De lá até Nazaré, é um passo. Quanto a tua manutenção, que ela não o preocupe. Sempre me creditaste, e agora é a minha vez de fazer o mesmo. Podes contar com este velho mercador.

— Não encontro palavras para agradecer-te tamanha generosidade. Foi a misericórdia divina que o conduziu naquela hora a esta estrada. Nada me perguntaste e isto é bem digno de ti. Ser-te-ei grato pelos dias que me restam de vida e não me constrange contar contigo, antes fico honrado. Obrigado, amigo.

Livrá-lo da maldade daquele péssimo filho — pensou Natan — já é suficiente satisfação... E passando-lhe um manto de lã de Damasco, preveniu:

— Abriga-te, as tardes deste final de outono são sempre frias por estas bandas, e só à noite chegaremos ao caravançará. Vamos acelerar as montarias. Conversando nos atrasamos, e não é prudente ficarmos longe da caravana nestas estradas da Judéia, infestadas de salteadores. Porém, como evitá-los se dizem em Jerusalém que Herodes Antipas os acoberta e é cúmplice deles. Dizem até que o perigoso Gestas é protegido pelo tetrarca.

— O que afirmam talvez seja verdade. Porque o mesmo diziam do pai dele. Nunca esqueci a mortandade de quantas inocentes crianças por ordem do velho Herodes, que nem ao próprio filho poupou. E isto aconteceu logo após o nascer Jesus, há 31 anos mais ou menos, se eu bem lembro...

— Que lhe escapou a fúria assassina.

— Sim Natan; e, segundo dizes, Ele está agora pregando às multidões... — Jonathan sorriu, pensando na hora do seu encontro com Jesus. E sentia que Jesus também estava à sua espera... Ao antever esse dia, as lágrimas deslizavam por suas velhas faces. Lágrimas suaves, livres de ressentir, de ódio ou de rancor; lágrimas dos seres simples e puros de coração; lágrimas plenas de amor, renúncia e paz. Dessas lágrimas, florescem os sorrisos de Deus... — confidenciam entre si, anjos e arcanjos.

* * *

Daniel foi ao encontro de Sara, ainda não refeito da surpresa sofrida. Com voz que a esposa não definiu se de mágoa, alívio ou revolta, disse-lhe:

— O pai fugiu com uns mercadores, e tão rápido o fez que parecia levado por uma legião de demônios...

— Não te aflijas, Daniel. O teu pai deve ter voltado para as pastagens. Agora podemos contar com a cama que ele ocupava. Sara sorriu e Daniel imitou-a.

Dizem os anjos e arcanjos que, de sorrisos assim, nasceram e nascem ainda os espinhos, o fel e todos os males que infelicitam o Homem.

A CHEGADA À GALILÉIA

Senhor, tem misericórdia de nós... por
Ti temos esperado.
Isaías, 33: 2

Aproximei-me do ancião, amigo de Natan, que via esforçando-se em auxiliar os cameleiros no quanto as suas poucas forças permitiam. A ordem do mercador de Sídon era poupá-lo em tudo. Assim, tomei-lhe das mãos um fardo, dizendo:

— Venerável ancião, descansai enquanto estamos neste caravançará. A viagem é longa e incômoda — e lhe estendi um cornijo com água, pois o ar outonal àquela hora sexta estava bastante acalorado.

— Obrigado, jovem. És, como todos aqui, muito bondoso com este velho. Qual o teu nome?

— Josepho. Sou de uma aldeia próxima ao Hebron.

— E eu sou Jonathan, antigo pastor. Demando à Galiléia, onde habitei algum tempo.

— Também viajo para lá em busca de trabalho.

— Então temos o mesmo destino — respondeu o ancião com um sorriso. Reparei que possuía dentes sãos como os de um jovem. Tinha cabelos longos e brancos, à altura dos ombros, e a barba, também branca, suavizava a expressão do seu rosto. O corpo não era curvado, e embora nada imponente, aparentava no todo muita dignidade. Era alto e deveria ter tido muita força em sua juventude. Senti-me atraído por ele a partir daquele instante.

Jonathan devolveu-me o cornijo, dizendo:

— Nenhum vinho se compara à água, e isto indica que ela é criação divina, não do homem.

Aquela sábia sentença foi a primeira das muitas que lhe ouvi. Jonathan possuía o conhecimento dos simples, daqueles que aprenderam no livro da natureza a mensagem dos elementos telúricos em suas manifestações. Seu calendário dos dias fora constituído pelo nascer e o pôr do sol. Pautava o trabalho e o repouso como fazem os pássaros e as sensitivas silvestres. Sentia-se nele um homem experiente em relação à vida, mas com a ingenuidade dos filhos dos campos. Desconhecia malícia e torpeza. Era um puro.

Testemunhei os mercadores em conversa com ele, e o faziam com respeito e indisfarçável admiração. Um dia perguntei se tivera filhos.

— Três — respondeu. — Dois, partiram em busca de aventuras; o mais novo morreu faz pouco tempo.

— É triste ver morrer um filho, venerável Jonathan...

— Mais triste que sua morte, foi o mal terrível que o vitimou.

— Também perdi meu pai. Porém, pouco tempo tive para chorá-lo, ocupado em auxiliar minha mãe que ficou viúva sem nenhum bem. Somos muito pobres...

— Homem algum é pobre se pode trabalhar, Josepho.

Minha simpatia e respeito pelo velho pastor, no transcorrer daquela viagem, cresciam dia a dia, a cada vez que conversávamos.

* * *

Os dias se passavam e já estávamos em terras de Samaria, onde sobejavam inúmeras nascentes. Em toda parte dominava o verde: nos vales, serris e bosques.

E nas herdades, em suas aldeias, nas sebes e jardins, rebrotavam flores em abundância; e rosas, em quantidade, perfumavam o ar. Samaria parecia, então, um imenso caramanchel, plantado em meio às fontes. Sua gente primava em atenção e gentileza para com os viajantes, correspondendo assim à nata simpatia que evolava daquela terra.

Que agradável, ao olhar, ver as samaritanas com os cântaros sobre os delicados ombros, demandando às cisternas, e os homens, sempre cordiais em cumprimentos, colhendo espigas nos ruivos trigais...

Samaria, margeada ao sul pela Galiléia, abrigava um povo simples e agradável, como já o assinalamos, onde o louro e o moreno, os olhos cambiantes de azul e castanho embelezavam as mulheres e os seus musculosos homens, dando àquelas, doçura e encanto, e a estes, força e generosidade.

Era uma terra de suaves planaltos que se distendiam em verdejantes planícies, sem agredir a vista como os áridos serros da Judéia, e plantava-se entre o litoral de Saron e as viçosas várzeas do Jordão. Por seus caminhos, transitavam muitos dos peregrinos galileus, quando se destinavam a Jerusalém. Passavam por eles, certos de que não seriam molestados; no entanto, os galileus não esqueciam a reserva que deviam mostrar ao povo samaritano, preso à apostasia e separado deles há séculos, pelos preconceitos arcaicos enraizados nas almas por fortes razões étnicas e imposições religiosas.

Samaria e Galiléia — como as demais gentes de Israel — adoravam o mesmo Deus e seguiam a Lei do Decálogo com idêntico rigor. No entanto, diferiam, e muito, na forma de demonstrá-lo.

Na Galiléia, a maneira configurada de adoração à Divindade fora circunscrita ao Templo de Jerusalém e às sinagogas, onde se estudavam os livros sagrados; na Samaria, o culto ao criador se fazia no cimo das elevações, como nos primeiros tempos de Abrão, Isac e Jacó, à semelhança de como o cultuavam os antigos masdeístas em suas *pireas* sobre os montes pérsicos.

Os samaritanos eram israelitas apóstatas, que, desde o domínio assírio e babilônico, tornaram-se um povo fadado à miscigenação e, conseqüentemente, insubmisso ao Templo de Jerusalém e a sua orientação política — étnica — religiosa. Eram assim, anatematizados por seus dirigentes, os fariseus e saduceus, e pelos demais povos de Israel e seus reis, presos à intransigência, à letra da lei, interpretando-a na forma fria e paradoxal dos que amam o poder, o domínio, a força e o mando.

Em Samaria, não havia castas sacerdotais nem liturgias e nem templos grandiosos. Somente simples altares sobre os montes. Desta forma, registravam os samaritanos sua mensagem humano-religiosa no bronze da História, manifesta não através de um deus nacionalista, mas Deus de todas as terras, de todos os povos, de toda a Humanidade e do Universo.

Eu, Josepho, acrescento: Deus Inteligência Suprema, Princípio primeiro de todas as coisas — como viria revelar dois mil anos depois desta época que situamos, o Consolador prometido por Jesus.

* * *

Voltemos ao nosso relato...

Notei, estranhando, quando próximo das montanhas, cujas silhuetas contornavam o horizonte, que os mercadores aproximavam mais as caravanas sobremodo atentos aos caminhos e aos trechos adjacentes, sem esconder a preocupação que os assaltara. No entanto, todos sabiam quanto era tranqüilo transitar pelas terras samaritanas, mas logo saberia o porquê disto.

Avistávamos quase à vizinhança de Sicar, o cume sagrado do Garigim, que antevíramos ao acampar na proximidade da cisterna de Jacó. Fora, naquele monte, que ergueram um altar, o mais importante de Samaria, ao Deus-Único.

Em nosso percurso, ouvíramos informes de viajantes sobre o bando de um certo Barrabás, misto de revoltoso e aventureiro, inimigo dos romanos e do tetrarca Herodes Antipas, que, diziam, estava nas proximidades. Eis a razão do desconforto dos mercadores.

Em convívio com os cameleiros, escutara várias histórias sobre esse Barrabás, todas narradas com exaltação, como se para aqueles homens fosse ele um herói e patriota extremado, comparado ao lendário Judas Macabeu, que combatera Antioco IV, rei da Síria, vencendo-o em Emaús e Hebron, embora vindo a sucumbir, sem, de todo, ter conseguido a independência da Judéia, o que foi consumado, tempo depois, por seu irmão Simão.

Diziam que Barrabás espoliava ricos e poderosos, jamais os pobres. Deveria ser por isso que os servos ali se mantinham tranqüilos e os seus ricos senhores apreensivos... Compreendi.

Confesso: sentia-me alvoroçado, não por medo — não tinha nada a perder —, mas por curiosidade. As histórias narradas sobre Barrabás me haviam fascinado e, assim, ansiava encontrá-lo.

Natan convidara Jonathan a manter-se próximo dele. Parecia apreciar muito o antigo pastor.

Ninguém quase falava, reinando nas caravanas um assustador silêncio, quebrado tão-só pelo forte blaterar dos camelos e o arfar nervoso dos outros animais.

À frente de todos, estava o mercador de Sídon, que eu já percebera ser o líder dos demais. Natan era um homem de muita autoridade, sentia-se, e devia ter grande experiência daqueles percursos, conhecendo-lhes os segredos e perigos.

Nessa expectativa, passamos toda a tarde e a noite deste dia.

Na manhã seguinte, após o repasto, todos tomaram os seus lugares sobre as montarias, tendo sempre Natan à dianteira, e assim prosseguia a caravana pela estrada de Samaria. Mas o clima de inquietação não se modificara, tendo mesmo se acentuado.

Em caminho, encontramos vários informantes que nos adiantavam, para maior apreensão dos mercadores, que Barrabás assaltara ricos viajantes e, por cúmulo de audácia, atacara, vencendo-a, parte de uma centúria romana, apossando-se das armas e pertences dos componentes.

Aconselhando, Natan nos disse:

— Mantenhamos calma e vigilância. Carregamos tão-só tecidos, especiarias e gêneros alimentícios. Não dispomos de preciosidade alguma. Temos, como bem maior, as nossas vidas. Os animais, cansados como estão não têm serventia para um bando de guerrilheiros. Prossigamos sem nos deixar dominar pelo pânico. Antes Barrabás que salteadores sem nenhum sentimento, ávidos de sangue.

Foi, então, logo após estas palavras de Natan, que ouvimos um tropel de muitos cavalos vindo em nossa direção. O mercador de Sídon deu uma ordem, logo transmitida a todos: devíamos parar e não fazer uso de armas.

Eu saltara do camelo e, esgueirando-me por entre os inquietos animais, aproximei-me o mais possível do lugar onde se encontrava Natan que, como os demais mercadores, apeara, observando com serenidade o grupo de cavaleiros que surgira e prostrara-se à nossa frente, obstruindo-nos toda a estrada.

Um dos recém-chegados adiantou-se e, ignorando os demais mercadores, dirigiu-se a Natan, como se já o conhecesse:

— Necessitamos de gêneros alimentícios, de azeite, sal e vinho, e de camelos para transportá-los. Não dispomos de tempo. Por isso pedimos pressa.

O homem aparentava uns 25 anos, falava rápido, mas sem arrogância. No entanto o tom de sua voz era de comando. O aspecto inspirava um misto de terror e admiração, armado com espada e punhais, arco e carcás pejado de flechas. Trazia os cabelos, negros e revoltos, cortados rente ao vigoroso pescoço; vestia saiote curto e, sob a couraça, delineavam-se músculos rígidos.

Natan, afastando-se um pouco, falou algumas palavras aos outros mercadores que, em silêncio, balançaram as cabeças em aprovação. Então, o homem de Sídon ordenou que três camelos, carregados com as mercadorias exigidas, fossem conduzidos até o bando.

Ninguém falava. Só o rinchar e o blaterar dos cavalos e camelos se ouviam.

Então o jovem, chefe dos salteadores, voltando-se para Natan, lhe disse:

— Tomai isto como empréstimo que fizeram a Barrabás. Somos de paz e em paz, sigam. Antes de partir em rápido galope, fez um gesto de comando e, em obediência, todos os cavaleiros, conduzindo os três camelos, tomaram a direção dos serros que se perfilavam ao longe, além da planície do Garizim.

* * *

Ananias, um dos mercadores, com o olhar fixo no ponto onde o bando desaparecia, disse preso ainda de forte emoção:

— **Fomos** surpreendidos por Barrabás quase às portas de Sicar. Isto comprova as histórias que ouvimos sobre ele. Atua, em verdade, impunemente, acobertado pelo povo não só da Galiléia, mas de todo Israel. Porém, graças a Jeová, poderia ter sido pior. **Foste** prudente, Natan.

— Assim fiz por experiência. Esta é a terceira vez que me deparo com Barrabás. Um pouco antes do primeiro encontro, soube que havia dizimado uma caravana que ousara reagir às suas ordens...

Foi assim que conheci o famoso e controvertido Barrabás. E o meu fascínio por ele aumentara.

A caravana seguia quase tranqüila. A paisagem ia aos poucos transmudando-se. O ar mais frio prenunciava o início do *kislev*. Muitos dos arvoredos que encorpavam os prados estavam meio desnudos, restando, em alguns, folhas de um amarelo forte, quase marrom, e outras de um vermelho desmaiado.

Havia em toda a natureza tênues modificações.

Um mundo novo se descortinava ante os meus olhos de adolescente, desde que partira da Judéia. Gentes e coisas me enlevavam. Existia em tudo o mistério do oculto, a ânsia sôfrega do desconhecido, do jamais visto. Tudo era virgem aos meus olhos enamorados. Sentia-me em êxtase, em contemplação a cada dia, a cada hora... O que me aguardaria o amanhã? — perguntava na avidez do logo chegar. Certamente tudo de bom, de agradável, me reservava o amanhã... — sonhava, acompanhando com o olhar o vôo das andorinhas em seus trissos agudos.

Um dia após o encontro com Barrabás, passou por nós um grupo de legionários romanos. O comandante nos fez parar e, com arrogância, inquiriu se deparáramos com o facínora Barrabás.

Natan, dirigindo um significativo olhar aos companheiros que se tinham aproximado, exortando-os a calar, respondeu por todos:

— Não, nobre centurião. Ouvimos informes de que seu bando estava nas proximidades. Mas graças aos deuses protetores, não o vimos.

— E se o tivessem encontrado, nada diriam, covardes como são todos vós, mercadores.

— Não estaríamos aqui se tivéssemos sido surpreendidos por Barrabás; falamos a verdade, nobre romano... — retrucou o mercador de Sídon, esforçando-se por manter-se calmo.

— Uma centúria da nossa legião foi atacada covardemente por este bandido. Estamos em seu encalço e havemos de logo encontrá-lo e então, ai dele! Por todos os deuses nos vingaremos sem misericórdia... — e partiram com os capacetes reluzindo ao sol desse final de outono.

Vendo-os afastarem-se, Natan externou, sem esconder o desagrado que lhe inspiravam os romanos:

— São mais perigosos que Barrabás ou qualquer outro salteador, mesmo o terrível Gestas que assola as estradas de Jerusalém...

* * *

A paisagem, agora, evidenciava sutis diferenças: O céu tornara-se mais azul e, nas planícies recobertas de um verde quase primaveril, viam-se poucos rebanhos. O ar, menos aquecido, ainda se impregnava do perfume de lavanda e rosas silvestres. Trigais erguiam, em riste, a haste das espigas amarelecidas, sofrendo o desencanto das colheitas esquecidas no *marjesván*,[9] lembravam o pão tardio dos famintos... Pássaros esvoaçavam e pousavam alguns sobre figueiras com frutos temporões, restos do outono já quase submerso no gélido *kislev*. Os caminhos aplainados, distantes a muito dos solos áridos da Judéia, à sua margem floriam tímidas campânulas. Os homens e mulheres, nas aldeias, não agora nos campos, mas à soleira das casas, acenavam em gestos cordiais, como augurando feliz viagem aos forasteiros. Ao vê-los, meu coração se alegrava em prenúncios

---

9 – Marjesván: outubro e novembro.

de ventura... Certamente na minha terra da promissão — sonhava — teria eu grata e igual acolhida... Certeza das inexperiências infantes, dos sonhos inacessíveis, do perecível em ânsias do perene. O esforço vão do relativo querendo compor, na pauta da Terra, a sinfonia do Absoluto. A Subtração e a Soma: o Mais, a realização de todos os acertos; o Menos, a insignificância dos gestos mortos... Compreendê-los; somente através do tempo: o consolo, o apaziguador dos dramas e tragédias, o operário das transformações: a semente em frondes, o espermatozóide em humanidades.

Certeza e sonhos... Ó como despertam no amanhã humano as realidades intangíveis...

Os jovens nascem envoltos na esperança, embalados em sonhos e imersos na certeza de quão fácil lhes será a vida e benignos todos os homens.

Assim sentem, também, os verdes frutos quando isentos ainda do ataque dos vermes e insetos, e das mãos que os colhem atirando pedras... Certeza tão-só Deus possui; sonhos fluem no hoje e se desvanecem na claridade do amanhã.

* * *

A caravana penetrara na planície de Jesrael, entremeio das sentinelas de granito do Carmelo e do Tabor.

A brisa mediterrânea, salina, vinha de longe miscigenar-se no Jordão, misturando sal e dando sabor as suas águas insossas. O sal, quase sempre realça o sabor de tudo, se em boa condição. O sal é como o espírito dando virtudes à matéria. Por isso adagiamos: o espírito é o sal da Vida.

Sentia-se na transparência da luz a exuberância da terra em frêmitos de exaltação. Tudo esplendências, sons e cores.

Chegara à Galiléia.

A ARIDEZ DE HERODES

É necessário que Ele cresça e que eu diminua.
João, 3: 30

Há, no cenário da época a que nos reportamos, dois marcos que assinalam, no tempo e no espaço, o epílogo e a epítase do divino concerto da hora nona, que uniu dois verbos, duas sinfonias: "o que era e o que foi antes e já era depois": Masqueros e o Gólgota.

O Cutelo e a Cruz. O Anúncio e a Realidade consubstanciada. O Precursor e o Messias. João e Jesus.

Das masmorras de Masqueros, um anjo voaria para o infinito céu; do Gólgota, o verbo deixaria a carne e volveria ao seio de Deus.

— É necessário que Ele cresça e que eu diminua — afirmaria João em seu último testemunho.

— Pai, nas Tuas mãos entrego o meu espírito — diria Jesus na sublime aceitação da Vontade divina.

A voz dos profetas viera da trovejante noite dos tempos e se fizera ouvir. Assim estava escrito no Livro do Cosmo...

E assim se cumpriu.

Em Masqueros e no Gólgota tudo seria consumado.

* * *

Era nissan. Os prados refulgiam na esplendência dos renovos.

João observava, à distância, a fortaleza plantada em meio aos altiplanos, cercada por elevadas muralhas. Com seus terraços sobre o abismo, as arrojadas torres ameiadas, as pontes levadiças e os profundos fossos que a circundavam, parecia, em conjunto, um tenebroso palácio de pedra, erguido em meio a pontiagudos serros.

João a fitava em silêncio. Viera ali várias vezes quando batizava em Salim. Sua voz atingira, em exprobrações, os ouvidos dos assustados legionários samaritanos e idumeus, dos escravos e áulicos, e mais do que a todos ferira os tímpanos de Herodíades e Antipas. Ao ouvi-la, o ódio fremia na alma vingativa, sanguinária da ex-mulher de Filipe — irmão por parte de pai de Herodes — e medo e raiva atormentavam o íntimo do vacilante tetrarca, então. No entanto, João não mais os recriminava, condenando-lhes crimes, erros e a pecaminosa união. E o silêncio do Batista os perturbava mais que os seus vitupérios... Porém, em vez dele, era o povo agora que os censurava e cada dia com maior violência.

— O culpado disto quem era? — inquiriam e respondiam, entre si, os poderosos: o povo? Não... O povo não pensa... O culpado era o Batista.

* * *

João contemplava o palácio herodiano e seus olhos refletiam mistérios insondáveis...

Dois discípulos o acompanhavam nesta tarde. Era quase a hora nona. Do mar Morto, vinha um flato sulfuroso que impregnava tudo.

Voltando-se para os discípulos, João lhes perguntou:

— Que vos parece aquela fortaleza?

— Sinto-me mal em olhá-la, porque sei que em seus calabouços estão presos dois irmãos meus, tão inocentes como muitos de quantos ali estão — respondeu um dos discípulos.

E o outro acrescentou:

— O filho de um nosso vizinho, que servia na guarda do castelo, foi jogado ao abismo, com os demais companheiros, quando Herodíades soube por eles que a princesa de Petra, esposa de Antipas, partira com o pai, o Rei Haret, da fortaleza que ali vemos, temendo ser morta. Enfurecida com a fuga, Herodíades os matou. Tenho horror em olhar aquele palácio: causa-me calafrios.

— A mim — disse o Batista — lembra o Leviatã, com as

fauces monstruosas devorando homens, seres e coisas. Ali reside não apenas o pecado, mas todo mal. Se aplicarmos os ouvidos, escutaremos não só gemidos e estertores vindos das suas masmorras; porém urros e rugidos animalescos de gozos e volúpias. Este cheiro desagradável que inalamos, inibindo-nos o perfume primaveril, não vem do mar Morto. Vem das entranhas luxuriosas das criaturas que habitam aquele monturo em forma de fortaleza...

Interrompendo João, um dos discípulos exclamou alvoroçado:

— A ponte movediça baixou! Eis que descem por ela o tetrarca e sua guarda. Vêm em nossa direção!

O Batista continuou impassível. Olhava como se fora coisa natural Herodes vindo ao encontro deles.

O vento morno da Peréia fustigava os cabelos de João e seus olhos pareciam, a claridade solar, ainda mais azuis. Sua estranha figura vestida em peles de camelo e os pés calçados com rústicas sandálias, segurando o inseparável cajado, assemelhava-se a um espectro vindo das cavernas pré-históricas: assombraria quem não o conhecesse ainda. Mas após, inspirava aos discípulos veneração, e maravilhava a quantos que com ele se relacionassem. Sentia-se no precursor uma força interior imensa, como se estivesse toda a energia da Humanidade, em seu espírito. Em verdade, João Batista era só e tão-só espírito, embora humano. Isso porque superara toda fraqueza da carne, vencera ânsias e ambições, glória e fama e todas essas injunções terrenas tão frágeis e imperenes. Era o espírito que dominara o Homem, e o Homem que se transmudava em anjo. Seu olhar fulgia em luz de excelência: tinha a firmeza da rocha. Porém, não se fixava em nenhuma paisagem da Terra: fixava o infinito. Porque é este de quem está escrito e testemunharia Jesus: "Eis que diante de tua face envio o meu anjo, que preparará diante de ti o teu caminho."[10]

Já estavam cortadas todas as raízes humanas. O machado da edificação da alma descansara. E o lenhador espera: João Batista espera Herodes Antipas. E, mais uma vez, poderia inquirir em reprovação: "Raça de víboras, quem vos ensinou a fugir da ira futura?"[11]

Teria ainda, e quantas vezes ainda, de suportar a presença do tetrarca da Galiléia e Peréia.

Impassível, João aguardava...

* * *

E se fez ouvir naquela hora nona, em Masqueros, o diálogo entre o recalcitrante do pretérito e ainda do presente, e o anjo. Confrontavam-se o estacionar e o evoluir. Dois mundos: um que se extinguia e estertorava; outro, novo, em anúncio. A velha lei e a Lei Nova. Era a hora das Revelações Imutáveis.

* * *

Herodes:

— Definitivamente tens de nos insultar: ou com tua voz ou com a tua presença. Não te cansas?

10 – Mateus: Cap. 11 Vers. 10.
11 – Mateus: Cap. 3 Vers. 7.

João:

— O certo não tem peso; o erro, sim: tem peso imensurável.

Herodes:

— Até parece que Jeová colocou sobre teus ombros todo o jugo do mundo. Tens cautela, profeta, podes soçobrar sobre ele...

João:

— O jugo de Deus é suave.

Herodes:

— Não vês que me esgotas a paciência?

João:

— Não vês que o Mal te destrói?

Herodes:

— Que é o Mal?

João:

— É o que fazes.

Herodes:

— Sou um simples homem; tu, um homem santo. Devias ser magnânimo com os pecados alheios.

João:

— Seria conivente com eles. Vim para combatê-los, não para aceitá-los. Sei que sou a voz que brada no deserto.

Herodes:

— E qual é o deserto?

João:

— O das almas recalcitrantes, na aridez do Mal, como a tua e a de Herodíades.

Herodes:

— É arriscado censurar os reis.

João:

— Mais arriscado é faltar a Deus.

Herodes:

— Tua vida está nas minhas mãos. E quando digo minhas mãos,

digo Herodíades. Ela e eu somos um.

João:

— Não os temo.

Herodes:

— Posso matar-te agora mesmo.

João:

— Mas não matarias o meu espírito. Eis porque não temo a ti nem a Herodíades.

Herodes:

— A tua insolência esta cansando minha magnanimidade. Parte daqui. Vai batizar em outras terras. Sê prudente...Vai-te! Não quero matar-te, porém, me esgotas a paciência. E a paciência dos reis tem limites...

João:

— Aquele que me enviou sabe o tempo exato da minha partida. Não me apresso. Não me intimida a impaciência dos reis.

Herodes:

— Os reis são os senhores do mundo. Têm em seu poder a

vida e a morte. São também senhores da justiça na Terra.

João:

— Enganas-te. De nada somos senhores. Os reis passam e o mundo sobrevive aos reis. Tu és escravo, porque possuído pelo mundo e sujeito a morte como todos. Assim, podes perecer hoje ou amanhã. A vida humana é incerta e inconsistente, tetrarca. E só existe uma justiça, não apenas na Terra, mas em todo Universo: a de Deus. Arrepende-te, Antipas. Abandona a mulher do teu irmão e terás clemência na justiça divina.

Herodes:

— Já te disse outras vezes: pedes o impossível. Amo Herodíades. E como a amo, profeta! Não és humano porque não pecas e não conheces o amor, esse amor que dilacera as entranhas... Se o conhecesses, não me pedias tal. Parte... Se assim fizeres, dar-te-ei todo o ouro que me exigires. Mas parte, profeta, parte...

João:

— Parte tu, tetrarca, com teu maldito ouro para a tua fortaleza. És prisioneiro dela tanto quanto da nojenta carne de Herodíades, como já foste antes, quando ela era Zezabel, fraco Ocabe redivivo.

Herodes:

— Que falas tu? Enlouqueceste? Tu, sim, és Elias, todos dizem... E eu creio! Não me venhas com esta intrujice de que fui Ocabe e Herodíades, Zezabel. Não me confundirás... Sabes? Eles não mataram Elias, mas eu te posso matar, profeta.

João:

— Nada mais acrescentarei. Já disse tudo. Há muito conheces o meu pensar.

Herodes:

— Mais um instante... Dize o que devo fazer para remir os meus pecados?

João:

— Arrependa-te! Já sabes como fazê-lo. Não importa o que foste ontem: importa o que serás hoje. Arrependa-te, tetrarca, antes que a mão de Deus pese sobre tua cabeça e a de Herodíades.

Herodes:

— Sei que instigas o povo contra mim. O perigo não vem de Deus, mas de ti. Tu, sim, deves sentir o peso da minha mão sobre a tua cabeça. Cuidado, profeta, a tua cabeça periga...

João:

— Repito-te: "Já esta posto o machado à raiz das árvores cujos frutos são maus." Teus ouvidos estão surdos. O Mal cega e ensurdece. "Toda árvore, pois, que não produz bons frutos, é cortada e lançada ao fogo." O Mal queima a alma mais que todo o fogo da Terra, e somente o bem o apagará. Lembra disto e arrepende-te enquanto é tempo: porque é chegado o Reino dos Céus. E se queres usufruí-lo, tetrarca, abraça a Virtude, o Justo, o Certo e o Direito.

E João, após estas palavras, retirou-se da frente do rei, afastando-se com os seus discípulos.

Findara o diálogo.

* * *

Ao quase crepúsculo, na décima hora de nissan, quando tudo floria e aves cantavam e um azul intenso vestia o céu, a fortaleza de Masqueros era, no poema daquela primavera, a antítese de todos os ritmos.

A espera de João Batista

E tu, ó menino, serás chamado profeta do Altíssimo,
porque hás de ir ante a face do Senhor,
a preparar os seus caminhos...
Lucas, 1: 76

Caíra sobre Masqueros a hora das complexidades as sombrosas. Herodíades triunfara. João Batista, aprisionado, jazia agora manietado e com calcetas, na masmorra onde a luz e o ar mal penetravam, alimentado tão-só com água e pão.

Sentado no solo úmido, tinha como encosto a parede de pedra. Todos os carcereiros haviam procurado o batismo no Jordão, almas rústicas, encaravam os fatos da vida como frutos da fatalidade, não atinando nem mesmo como explicá-los. E nesse impasse, embora venerando o Batista, aceitavam sua prisão sem conflitos maiores; apenas, nada compreendendo daquele momento que transcendia suas mentalidades, sentiam-se penalizados e ainda, temerosos e confusos. Assim, não ousavam faltar às ordens do tetrarca, não tanto por ele e sim, por temerem cair no desagrado de Herodíades, o que os levaria à morte certa.

Ninguém ignorava, nem mesmo eles, que fora por imposição da amante que Antipas acedera, afinal, em aprisionar o profeta do deserto, a quem, em sua complexidade mental, não ocultava o quanto o temia e admirava ao mesmo tempo.

Tratado como malfeitor, João sofria o ódio da ex-mulher de Filipe que, incontentada com a prisão dele, não se cansava em exigir do rei a sua morte.

— Se me tivesses amor não perderias tempo em aprisioná-lo e já o terias morto.

— Não seria prudente. Ouve como lá fora gente não só da Peréia, mas de todo Israel, protesta junto às muralhas contra a prisão do profeta. Não devemos desgostar o povo. E mesmo essa prisão que todos consideram arbitrária pode chegar aos ouvidos de César através os agentes de Pôncio Pilatos que, sabes, não esconde seu desagrado por nós.

— Que importa Pôncio Pilatos se contamos com os favores de Públio Sulpício Quirino?[12] Pôncio Pilatos passará como passaram outros governadores da Judéia. Temos grandes aliados junto a Caio Tibério César. E não olvides que sou neta do teu pai, o grande Herodes. Tens que ser como ele foi; forte e poderoso.

---

12 – Quirino: Legado Imperial da Síria, em cuja sujeição estavam os governos de Antipas, Lisâneas, Filipe e de Pilatos.

— No entanto, a Agripa, teu irmão, em nada o ajudou ser neto de meu pai, quando o denunciamos como traidor a César: está prisioneiro na Itália. E meu irmão Arquelau, onde se encontra agora? Exilado na Gália e por ordem de César. Não. Temos de ser prudentes; agir, sim, mas com cautela. Não é hora de matar João Batista. O povo tem memória fraca... Breve esquecerá a prisão do profeta; então o mataremos. Mas tem paciência... Cumprirei a minha palavra, prometo.

— Não pareces filho do teu pai. Tens medo e respeitas o Batista. Se deres ordens, eu mesma o farei executar. Se me amas...

— Não insistas. Eu te amo; se não te amasse, João não estaria preso. Porque não gostaria de encarcerar e muito menos matar um homem santo, mas o farei por ti. Espera...

— Este homem santo está agitando o povo contra ti. Quanto mais demoras em executá-lo, mais cresce a revolta dos seus seguidores. Mata-o, e estes que lá fora reclamam, logo, por medo de ti, se dispersarão.

Herodíades fez uma pausa atentando nos brados que vinham de fora das muralhas. A uma só voz o povo exigia:

— Queremos Yokanaan! Queremos Yokanaan!

— Ouves, Antipas? Hoje o povo somente grita; amanhã, agirá, invadindo a fortaleza. Não tenhas ilusão: aqui dentro há seguidores do falso profeta e eles irão facultar a entrada na fortaleza desses fanáticos. Tens que investigar e matar também a estes.

— Não te enraiveças, embora fiques linda assim. Eu prometo: farei tudo como desejas. Apenas, aguardemos a hora certa, o momento preciso... Agora seria atiçar o ódio dessa gente. Eu os odeio tanto como tu. Garanto: esse povo lá fora não perde por esperar...

E Herodes, pretextando obrigações, afastou-se. Herodíades acompanhou-o com o olhar. Sentia-o fraco e indeciso. Se ela não tomasse a iniciativa para exterminar o profeta, não seria o tetrarca quem o faria... Porém, convicta disto, já iniciará certas providências... Não poderia dormir em paz, ter repouso, enquanto o Batista fosse vivo. Tinha que matá-lo. — Assim conjeturando, foi para os seus aposentos.

* * *

Herodíades ainda não se refizera da frustração sofrida ante a fuga da rival, a princesa de Petra, esposa legítima de Antipas. Saíra de Roma fugindo de Filipe, e unira-se ao tetrarca da Galiléia e Peréia, sob a complacência dos saduceus, que comumente esqueciam, em benefício dos poderosos, os deveres de sacerdotes, acobertando, em nome da lei, as maiores indignidades. Ela, mal se fixara no palácio de Tiberíades, arregimentou as legiões e marchara para Masqueros, nos confins do reino, no propósito de matar a filha de Haret, cujos domínios limitavam-se com a Peréia. Viera, toda a viagem, planejando torturar a princesa até matá-la, e o faria com as próprias mãos. Ao chegar, soubera que ela fugira em companhia do pai, da sua desumana vingança. E Herodíades culpara Antipas da fuga da esposa, taxando-o de negligente por ter permitido a vinda da

JONATHAN - O PASTOR

princesa para Masqueros, onde se encontrava o Rei Haret acampado com seus beduínos.

O tetrarca assim agira por precaução. Pretendia abandonar a esposa quando partisse para Roma em busca de Herodíades, por quem estava irremediavelmente apaixonado. Esta, em cartas, pedira-lhe insistentemente que matasse a princesa árabe antes de vir para Roma. Mas isto não estava em seus planos. Antipas concluíra, com acerto, que o pedido da esposa para ir ao encontro do pai escondia sua intenção de fugir para o reino paterno, ciente do propósito dos dois amantes em assassiná-la. Esta fuga da filha de Haret servira a Herodes como pretexto providencial para, em vez de matá-la, o que não era do seu agrado e conveniência, acusá-la perante os sacerdotes por abandono do lar. Mas essa postura do amante não agradara à ex-esposa de Filipe...

* * *

Reclinada num coxim adamascado, em sua sala particular, Herodíades meditava. Seus olhos fulgiam, sinistros como os de um felino pressentindo a presa... Fraco Antipas... Sentia-se ligada a ele por elos estranhos. Ora o desprezava, ora o queria com paixão. Era-lhe mais conveniente que Filipe, enxundioso, glutão e acomodado. Um bufão da corte romana... Tinha-lhe nojo e chegava a odiá-lo. Antipas era belo, ambicioso e lhe parecera, então, forte e pleno de audácia. Sim — pensara —, haveria de seguir os passos do pai, o grande Herodes... No entanto, compreendia agora que Antipas era fraco, temeroso, indeciso e supersticioso como um filho da Eduméia. Esperava, como qualquer israelita, o messias que viria libertar o povo da

Palestina do poderio romano. Ao contrário do velho Herodes, não temia a vinda desse messias, certo de que engrandeceria Israel como o fizeram David e Salomão. E ele, Antipas, seria grande com o poder do messias... Quantas vezes externara isto, em seus devaneios de domínio... Até julgara, inúmeras vezes, que o Batista fosse o esperado de Israel.

Era duro constatar — concluía Herodíades — quanto o falso profeta dispunha do poder de atrair e impressionar as gentes, não só as simples, mas as poderosas inclusive.

Arregimentava povos das mais polimorfas origens. Falavam que Claudia Próculas, mulher de Pôncios Pilatos, fora batizada por ele... Parecia concebível, pois o próprio Antipas impressionara-se também, logo que o vira pela primeira vez, nas proximidades de Enom, em sua vinda para Masqueros. Não, não podia confiar na palavra do tetrarca... O pensamento de Antipas parecia-lhe corredio, vacilante, inconstante como o de uma mulher vadia. Pusilânime, mais que pusilânime! Teria de agir por ele de imediato, antes que, por imposição do povo, o profeta viesse a ser libertado. Isto não o permitiria. Matá-lo-ia a contragosto do esposo, se assim a forçasse a carência de coragem do rei. Lembrava como fracassara seu plano em relação à maldita princesa de Petra, por culpa da covardia do amante, temeroso por certo das armas do Emir Haret que, se vulnerável em Masqueros, em seus domínios em meio ao deserto e às montanhas seria imbatível. Sim, por isso Antipas evitara matar a princesa — raciocinava Herodíades. Haret contava com poderosos aliados, os filisteus e os moabitas. Disto ela ficara ciente pelo próprio Antipas, quando se justificara por aquiescer na vinda da esposa para Masqueros. Ela o odiara ao ouvi-lo... Não o perdoara e não esqueceria jamais que fora o culpado da fuga da rival. Porque, viva a princesa de Petra, Herodíades seria tão-só a concubina, não a esposa legítima do tetrarca.

Esta constatação a humilhava por saber-se desprestigiada e difamada na corte romana e entre os grandes de Israel.

Fremente de ódio e indignação, perguntava-se: como perdoar e esquecer a ingratidão de Herodes Antipas, que não pensara nela, deixando-a em segundo plano ante os seus interesses políticos, olvidando seu orgulho e vaidade de mulher? Ela, que abandonara o esposo para segui-lo naquelas terras inóspitas da Galiléia e Peréia... Ah! Nunca o perdoaria! E todos que a humilharam e ousaram insultá-la, como João, sofreriam sua impiedosa vingança. O execrável profeta tinha que morrer... — concluíra em ódio.

Herodíades era um ser hematófilo: apenas saciava-se com sangue.

* * *

Alheio aos pensamentos de Herodíades, o precursor aguardava. Aguardava a quem só ele sabia.

Nunca seus grandes olhos azuis fulgiram tanto. Refletiam o espanto dos justos e das crianças quando vivenciam os requintes da injustiça e crueldade humanas. Do alimento imposto, não tocava no pão, sorvia apenas a água. Não reclamava, sempre entregue à meditação e prece. No entanto, sentia a alma em angustiante expectativa, como quando aguardamos alguém querido e, ao passar das horas esse alguém não chega.

Ante as palavras de escusa do carcereiro-mor e dos guardas, respondia manso:

— Cumpram as obrigações.

— Mas tememos que por vos guardar aqui, estamos condenados ao fogo do inferno. Tende piedade, profeta, e pedi a Deus por nossas almas. Talvez Ele nos perdoe.

— O Pai é a misericórdia infinita. Somente Ele conhece o que nos vai à alma. Confiem n'Ele e não se desespere.

— Sabemos que sois Elias, porque assim o povo diz, e voltastes à Terra como João, para purificar as almas. Nós vos amamos, mais tememos Herodíades. Dizei-nos o que de bom podemos fazer guardando aqui quantos prisioneiros? E muitos deles, inocentes como vós.

— Podem fazer um grande bem: não dispensem aos encarcerados nada além das suas penas, sejam eles inocentes ou não.

— Se assim agirmos, será que Deus nos perdoa? Temos tanto medo, profeta...

— Deus não é juiz: é nosso Pai. Ante os nossos erros e pecados, nos dispensa, além de Amor, Piedade, como fazem os pais quando os filhos estão enfermos. Dizeis como o povo que julga sou Elias e renasci como João. Já pensaram quantos séculos teria vivenciado até aqui? Nove séculos... Terão outras oportunidades, outras vidas, quando volverem à Espiritualidade.

E eu, não os julgo nem os condeno.

— Mas o inferno, profeta, o inferno...

— Não temam o inferno, porque ele só existe em nossa imaginação. Deus é Pai, não algoz. Um dia compreenderão melhor tudo quanto vos digo. Agora, o que falo só vos traz confusão...

— Mas, guardá-lo a pão e água e com estas algemas e calcetas é tão injusto que tememos responder a Deus por isto...

— Já vos disse: cumpram tão-só as obrigações.

O carcereiro-mor e os guardas, cabisbaixos, abandonaram a masmorra.

* * *

Eu medito sobre estas complexas vidas de guardiães e algozes, como executores e servidores das leis terrenas.

Carcereiro e verdugo, homúnculos desprezíveis, os execrados, os abjetos sociais que trazem na consciência o peso imenso, a tarja lúgubre dos que têm a função de aprisionar e matar homens, impunemente, em troca do pão de cada dia. O pão maldito com sabor de lágrima e sangue...

Tem misericórdia deles, Senhor! São as sobras dos instintos animalescos, os sobejos do ser ameba... São os que jamais sorriem, porque trazem incrustado nas almas a frieza daqueles que desconhecem remorso, graças ao mal que fazem em aceitação consciente.

Tem misericórdia deles, Senhor!

Eles desconhecem misericórdia, piedade...

Um dia, talvez não distante, quando alçada for sobre a Terra a bandeira branca da Fraternidade, eles, esses míseros de hoje, usufruam a Paz de consciência dos que vivenciam a Igualdade dos sentimentos crísticos, na unificação ímpar do Reino de Deus. E isto, quando o Amor houver vencido o Ódio, o Bem, o Mal, e a Virtude, nos espíritos, desfizer todo erro, vício e pecados... Quando o Homem, regenerado, graças às conquistas redentoras das bênçãos da reencarnação, em merecimento pelos reajustes espirituais, cantará salmos de alegria no concerto das almas libertas, vívidas, daqueles que trazem Deus na eternidade dos espíritos.

Então, o Homem amará a Liberdade como os pássaros dos céus; e alimentará a Vida como os fecundos trigais em flor.

Carcereiros e verdugos, os mais odiosos seres, de almas perdidas no Mal, incapacitados do sentir em suas negras consciências...

Tem misericórdia deles, Senhor.

* * *

Em retrospecto, com o olhar semicerrado, alheio a tudo, João revia o tempo, o curto espaço de vinte anos desde que descera de Decápole. Ele, filho de Zacarias e Isabel, crescera e se robustecera no corpo e no espírito. Assim não fora, como sofreria as agruras e constricidades do deserto, onde tomaria consciência de quem era e para que viera predestinado à Terra.

No silêncio e em meditação, ouvira d'Aquele que o orientava a mensagem que o faria, às margens do Jordão, vir preparar o caminho do Cordeiro de Deus, que revelaria a Boa Nova, o Amor do Pai a todos os homens.

João, na sombria masmorra, imergia no passado. De além das muralhas chegavam aos seus ouvidos os brados abafados das gentes que não o esqueciam:

— Queremos o profeta!... Queremos o profeta!... Como ecos repetidos, as vozes penetravam na cela, em surdina pelas frestas das empedradas paredes. O encarcerado mal os ouvia; como não estava atento aos gritos e lamentos vindos do interior das outras masmorras, tão preso estava nas lembranças.

O deserto... Lá se impregnara de força e coragem, força moral, que é imbatível, dos precursores da Verdade; a coragem dos justos e idealistas, virtudes alicerçadas na pureza da perfeita humildade. Porque João — o maior dos homens — teria de diminuir-se ante a Presença daquele Esperado desde o início dos tempos, o Filho bem amado do Eterno, em quem o Pai se comprazia.

O deserto... O deserto... Após a morte de Isabel e Zacarias, o deserto fora o seu lar. Seria uma fuga à predestinação sacerdotal? Não. Fora um estágio. Um noviciado. A pausa para a íngreme jornada do anúncio.

Ouvira repetidas vezes, nos dias de sua infância, daqueles que a testemunharam, a profecia de Zacarias, seu velho pai:

— "E tu, menino, serás chamado profeta do Altíssimo, porque irás ante a face do Senhor, a preparar seu caminho, para dar ao povo conhecimento da salvação na remissão dos pecados."[13]

— Por que eu? — perguntava João, em perplexidade.

Uma voz respondia-lhe, no âmago do ser:

---

13 – Lucas: Cap. 2 Vers. 76 e 77.

— Porque tu, Yokanaan, vieste, através de longo percurso no tempo, para este fim. Serás a voz que se erguerá no deserto, exortando os homens para uma Nova Era.

À sua casa, vinham ter muitos amigos de Zacarias. Entre eles, Simeão, o ancião que permanecia a maior parte dos seus dias no Templo, em abstinências e orações; e Ana, a viúva que profetizava os mais estranhos fatos e vivera à espera do Santo dos santos. Entre tantos amigos, havia um conhecido como o Taciturno, tão silencioso era. Suas vestes se compunham de peles de camelo e trazia os cabelos à maneira dos nazarenos. Não comia carnes e abstinha-se de vinho e bebidas fermentadas.

O Taciturno, quando chegava à casa de Zacarias, trazia legumes e verduras, mel silvestre e muitas e variadas flores que Isabel recebia encantada.

Zacarias o tratava com evidente respeito, embora bem mais velho que ele. Diziam ser o Taciturno o superior de uma seita cuja comunidade ficava em meio ao deserto montanhoso de Engady, habitando os que acampavam em tendas no verão e cavernas no inverno, onde viviam em estudos e meditações. Tinham, entre outros hábitos, o de cultivar plantas comestíveis e ervas medicinais, sendo tidos por todos como hortelãos e jardineiros habilidosos.

Extraíam do deserto verduras e flores, canalizando água dos pequenos oásis de Engady e do Hebron e até da grota quase submersa, de tão profunda, do Kerith. Banhavam-se duas vezes ao dia, fazendo da imersão um ritual sagrado. Cantavam preces e hinos no nascer e pôr do sol, em homenagem Àquele que haveria de vir e a Quem aguardavam em certeza e serenidade, exercitando-se em brandura, entregues a um viver fraterno, em pureza e castidade.

Os israelitas os denominavam essênios — os taciturnos —, por serem sérios e circunspectos. Eram diferentes de todas as demais seitas israelitas. Diziam que guardavam, em suas tradições, o conhecimento dos primeiros tempos adâmicos e, mesmo, dos tempos atlânticos, herdado de outras gentes que os fizeram guardiães. Diziam tantas e tantas coisas... Eram misteriosos e ciosos da vivência em suas comunidades. Zacarias conheceria seus hábitos, conhecimentos e segredos? Os fatos indicariam que sim.

Um dia, Zacarias comunicou ao filho:

— Quando teus pais partirem para junto dos nossos ancestrais, terás no Taciturno um protetor, um pai, que há de nos substituir e com quem muito aprenderás. Está escrito, nos desígnios do Senhor: não serás sacerdote, como é do costume de nossa família desde Zadogue, o grande sacerdote do templo de David. Outra é tua predestinação, meu filho.

Assim, ao morrerem Zacarias e Isabel, o Taciturno tomou pela mão o menino Yokanaan, então com 10 anos, e o levou para o deserto, onde viveria 20 anos. Junto aos essênios, vivenciara os mesmos hábitos e costumes. Familiarizara-se com os livros mosaicos e os proféticos e penetrara no mistério do Livro de Henoch.

Mas apesar de todo o conhecimento adquirido, a sua missão, compreendera, era restrita tão-só ao Anúncio. Seria a voz que proclamaria a Humanidade a chegada do Reino dos Céus e a presença do Esperado, d'Aquele que ensinaria à Terra o Amor de Deus às suas criaturas.

João sabia-se o precursor deste Esperado e que não vivenciaria, passo a passo, a jornada messiânica.

* * *

Ignorava, então, João, que ele era não apenas o precursor do Messias, porém também a prova insofismável de uma das mais misericordiosas Leis de Deus: a Lei da Reencarnação: ontem, nove séculos antes, fora Elias, o tisbita; na época em relato, agora era João, o Batista, acentuo eu, recordando o testemunho de Jesus.[14]

* * *

Sim, apenas anunciaria a presença do Messias à Terra, não a vivenciaria... Suspirou. Fechou os olhos... E volveu ao deserto, às antigas, bucólicas lembranças.

Tinha o hábito de ir meditar na grota do Kerith,[15] onde um dia Elias se abrigara contra a cólera de Ocabe e Zezabel... Ela lhe parecia um pedaço esquecido do paraíso na Terra. Ali, na torrente de águas cálidas e banhadas pelo sol do meio dia, João vinha banhar-se e dessedentar-se nelas, após sorver o mel das abelhas selvagens, que enxameavam o vale a sugar o pólen das flores aquáticas e das lavandas silvestres.

Nessa depressão da grota do Kerith, rasgada em meio as montanhas de Engady e do Hebron, ao oeste do mar Morto, pervagavam pastores filisteus que vinham dessedentar os rebanhos nas suas doces águas. Sentados à sombra das tamarei-

---

14 – Mateus: Cap 11 Vers. de 11 a 14. Marcos: Cap. 9 Vers. 11 a 13.
15 – Hoje o oásis de Uadi Kilt.

ras pejadas de grandes cachos de frutos dourados, tocavam uns as suas flautas, cantavam outros, os salmos, do pastor-poeta, esquecidos de dissensões étnicas e limitações de fronteira, nessa sabedoria de que a música e o canto são bens universais, como todas as demais artes, enquanto bandos de pombas brancas esvoaçavam sobre as suas cabeças.

A grota quase submersa do Kerith, de tão profunda, os pastores com suas flautas e cantos, as tamareiras em cachos de frutos, as pombas brancas em voanças, as montanhas de Engady e do Hebron... Tudo a João se lhe parecia como se fora ontem.

No entanto, agora, era outra a sua paisagem... Outra sua dura realidade. Encontrava-se aprisionado naquela masmorra sombria no subsolo da fortaleza de Masqueros. Subjugada estava a voz que anunciara a presença do Esperado à Terra. João, o maior dos homens, justificando a superioridade espiritual e a angelitude, mantinha a serenidade ante a injustiça e prepotência dos homens, com a mesma dignidade, coragem e desassombro de quando descerra de Decápole, exortando:

— Arrependei-vos, porque é chegado o Reino dos Céus...
Com esta idêntica frase, Jesus anunciou o Evangelho à Terra.

* * *

Aqueles que o viram e o ouviram pela primeira vez, assustados com o seu estranho aspecto e o tom vibrante daquela voz que repercutia além, do outro lado do Jordão, em meio aos serris de Galaad, fugiram aos gritos, taxando-o de louco... Assim, chamaram também aos antigos profetas e assim, chamariam a Jesus.

Mas João fez-se ouvir e ainda: fez-se amado. Agora, ali em detenção, sabia que cumprira a sua missão e que a sua hora já passara. O precursor cedia o lugar Àquele de quem não se sentia digno de desatar, abaixando-se a correia das sandálias. Chegara o Anunciado, já manifesto estava à Terra, e ele, João, teria de volver à Pátria de origem. Quando? Talvez hoje...Talvez amanhã...

Ao pensar nisso, o seu espírito conturbava-se... Sentia um desejo estranho, resistente, torturando-lhe a alma. Uma ânsia atroz o assaltara. Não era dúvida, pensava, era temor, medo de errar. Não conseguia dominar a vontade de ter certeza. Podia ter-se enganado... Só Deus é infalível... Então, submerso nessas conjecturas e sem forças para dominá-las e como um náufrago levado pela correnteza de um rio tenebroso, todo o seu ser desejava que, antes desse amanhã lhe fosse permitido saber o que, em espírito, já sabia: Seria Ele, Jesus?

Submetera-se, sem inquirições, à Vontade divina. No entanto, surgira-lhe aquele pensamento, angustiando-o, talvez em seus últimos instantes terrenos. Seria Ele ou seria outro? Não... Era Jesus... Mas como saber, preso e jugulado naquela cela?

João trazia o espírito em aflição... Fez um esforço e caiu genuflexo sobre as grilhetas que lhe prendiam as pernas, tolhendo-lhe os movimentos.

— Ó Deus, que eu possa saber... — suplicou quase em pranto.

João sofria a perplexidade humana do Getsêmane, o tributo à carne ou, ainda, a subjugação a ela. O precursor sabia, o homem, João, queria confirmação, certeza, nessa complexidade das almas quando na carne. O precursor era anjo; João, ainda homem. São os insondáveis mistérios, os enigmas indecifráveis à razão. A luta Espírito e Matéria. A certeza espiritual, transcendente, e a incerteza racional. O racional duvida; o espiritual — quintessência — crê. O precursor, na memória espiritual, lembrava e, assim, tinha fé; João, preso à memória material, que tudo confunde e esquece, duvidava. Seria Jesus o Cordeiro de Deus? — perguntava João, o homem; era, respondia o precursor, o anjo.

Aflorava a vitória do espírito sobre a matéria árida, dúbia e em anêmica recalcitrância.

* * *

João, serenado, sentara-se. A prece o fortalecera e o acalmara como um acalanto maternal... Ela é a sublimação de defesa do ser, escudando-o contra os impulsos da matéria quando esta tende desviá-lo dos nobres objetivos e confundi-lo, plasmando os monstros da dúvida, descrença e incerteza, assombrando subitamente a alma pura, porém humanizada e, assim, falível, que se submetera à Vontade divina.

João fixava o Alto, ainda sob a excelência da prece. O seu olhar perdia-se em inquietudes, forçando lembrar paisagens já esquecidas, com a mente muito além da fortaleza de Masqueros... Parecia antever os diáfanos panoramas que transcendem a tudo na Terra. E esperava... Uma espera ainda não de todo em certeza, não de todo em convicção plena, que o deixava em complexidades. Mas esperava...

E esperava nessa ânsia obstinada a quem? Somente ele, o precursor, sabia. João esperava...

COMO AVES IMIGRANTES

...Mas nos últimos tempos o senhor fará glorioso o
caminho do mar, além do Jordão, a Galiléia dos gentios.
Isaías, 9: 1 e 2 João, 4: 28 e 30

Chegáramos à Galiléia... Eu medito sobre as teorias religiosas, filosóficas, típicas do Homem em relação à gênese de tudo quanto contempla na Terra e no Espaço...

Os séculos passam nas asas do tempo, o sutil pássaro em revoada, em pouso rápido nos quadrantes da Terra...

O pensamento une os espaços e aproxima o ontem do hoje... Sinear, Ur, Babilônia, Nínive, Pasárgade, Tebas, Mênfis, Esparta, Atenas, Sídon, Tiro, Corinto... Roma... Paris, Londres, Moscou, Pequim, Tóquio, Jerusalém, Tel Aviv... Nova Iorque, Washington.

Nesse veículo da alma — o pensamento — atingimos e transpomos todos os horizontes e chegamos às estrelas... O Homem não difere das aves imigrantes; voa mais velozmente que elas. O passado e o presente alcançamos em menos de um segundo através do pensamento.

Os aspectos humanos fixam-se na memória — arquivo do cérebro espiritual — e aí permanecem intactos. Estes aspectos no Orbe vestiram e vestem várias roupagens, afivelando nas faces inúmeras máscaras: umas, primitivas, grotescas, dramáticas, outras, tristes, alegres, serenas; poucas, valorosas, heróicas, altruístas, humildes; algumas, embora raras, mártires, virtuosas, santas...

Essas singulares, mutáveis formas assumidas de encarnação para encarnação, não as esquecemos, tão marcantes são em suas específicas, distintas, díspares personalidades. Lembramme as sampanas orientais; porque, como estas, vivem imersas nos torrenciais da Matéria; no entanto, por motivos lógicos, divergem entre si; e não se confundem nem se repetem exteriormente... eis porque elas me recordam as sampanas que, sempre de cores diferentes, pairam esparsas nos rios e mares do Oriente, onde as mirei quantas vezes!

* * *

E eu, Josepho, me incluo nesse arquivo inexorável do cérebro espiritual. Nele, estamos todos retratados... Nesse álbum, vemos toda a Humanidade: do Nascer ao Crescer. E notamos — e não há nisso paradoxo, contradição — o quanto somos organicamente iguais: negros, vermelhos, amarelos, brancos, assinalando assim a nossa origem comum.

E há, ainda, outros importantes registros, antepondo-se, indeléveis, ao arquivo espiritual humano, este, todo pautado com as tintas da consciência, mente, razão. Nesses registros dantes está visível a pura beleza do primeiro Raio de Luz que aclarou e vivificou trevas e terras. Dele — maravilha das maravilhas assombrosas —, veio o Todo do Tudo: a água, o ar, a seiva, e, em suma, todas as substâncias da Vida.

Então, a Terra, aquecida, deixa-se abraçar pelos elementos oceânicos e, sedenta, sensual e ávida, bebe o doce licor das fontes, rios e regatos. O solo, revolvido pelos ventos de todos os quadrantes, recebe a fértil semente e, esta, em ânsias de germinação, transmuda-se em raízes e, assim, desabrocha em brotos, caules, frondes, flores e frutos.

Abismando a Razão nessas profundidades divinas, notaremos fulgências em gestação de embrionários, tímidos metais... Quase insensíveis de tão sutis, aromas tênues envolvem o ar; os dias confundem-se em temperaturas múltiplas, suaves, tórridas, mornas, gélidas; em anúncios do vem e vai das estações climáticas.

Concentrando os sentidos espirituais, o visual e o auditivo, percebemos ali, no Nascituro do Existir, esboços de ritmos vindos de além, muito além do Espaço e Tempo; ou, de alguma, sem ser ainda, elevação telúrica... E ouvimos mágicos sons, imprecisas harmonias; murmúrios quase inaudíveis, como fossem brisas, de tão leves; esparsos em irrequietos flocos plumosos em iniciantes voanças... E eis que se ouve, em primeiro ensaio de canoras, sonatas em surdina, em notas imprecisas, na pauta dos espaços.

Estampam-se nesses setores anti-arquivos dos seres racionais, como tópicos bíblicos, no Mineral, Vegetal e Animal, as passagens interligando e reajustando-se em seus elos afins, próprios; e, sob a paciência dos milênios, visando à evolução dos

Seres e das Coisas, o Verbo messiânico, na governança do Orbe desde o seu início, opera em amor — embora suportando Ele, em tudo, os baixios, curvas e desvios — e o faz para a sublimidade da divina Perfeição. E sob a Orientação amorosa do Pai. Dele e nosso, o Verbo velará por esta Terra e sua Humanidade até a consumação dos séculos.

Nada nasceu, nenhuma coisa, e ninguém, e nem mesmo a germinação multimilenar da monera,[16] do pólen, da semente, do ovo e do esperma, sem vir da fornalha contínua e única da Vida emanada do Criador. A Evolução não sofre ímpetos. Vem através dos milênios, surgindo em instantes propícios, harmônicos, com disciplina e em obediência às Leis derivadas de Deus.

Tudo: nebulosas, constelações, galáxias, estrelas, sóis, planetas; o minério, a flora, a fauna, a humanidade, todos os seres terráqueos e todos os componentes do Universo, o infinitamente grande e o infinitamente pequeno, tudo procede não dos elementos físicos dos globos espaciais, e sim, das geratrizes divinas, criadoras dos compostos sempiternos dos seres, já eles sendo muito antes de vir a ser aqui, ou ali, depois...

A ida universal tem suas origens nessas geratrizes, onde ela se realiza em infinitas modalidades no intermúndio[17] divino, que se situa nos espaços intersiderais, em centros pralaicos, pré-humanos, ou em estados racionais, todos próprios ao grau evolutivo dos seres e dos mundos. Ali, operam-se as fazes de transformação do tudo. Este é o processo — indescontínuo e incógnito ainda para o Homem — da Criação Divina. Inútil

---

16 – Monera: Designação sugerida por Ernest H. Haechel, naturalista alemão, a organismos por ele idealizados e considerados o tipo mais primitivo do ser vivo.

17 – Intermúndio: Usamos este termo por ser o mais aproximado à nossa compreensão humana. Foi citado pelos epicuristas como morada dos deuses. (Nota de Josepho).

buscá-lo nesses planos relativos, porque vem do Absoluto. Buscar o Absoluto nesses planos físicos é deparar-se sempre com o nada, o perecível. Coisa alguma mais relativa, instável e imprecisa que esta existência física. Tudo criado por Deus é perfeito. Não há quando nem onde... Tudo é! Só Deus sabe clonar os seres, quantos sejam eles; e o faz só na aparência, diferenciando-os no que há de real. Embora o aspecto corpóreo seja igual, quão diferentes são em seu todo anímico: o físico não é o ser — este não passa de uma couraça material, de um corpo apropriado a um carnal instante, vago e perecível — e sim, a alma. Esta é o real ser. E isso porque é ela que detém a propriedade da Consciência do Pensar, da Razão, do Raciocínio, do Refletir e do Sentimento. Sobrevive à morte, porque é eterna. Sobre isto, não existe contra — na humana lógica — nenhum argumento que o conteste. Apenas opiniões anímicas e mutáveis, perecendo sempre no parto da própria origem, tão falhas de substância científica ou mesmo religiosa.

Eis porque, embora para inúmeros sapientes seja inexaminável, inevidente, fruto tão unicamente da imaginação tudo quanto digo aqui, eu ouso vos lembrar, Homem, meu irmão:

— Quando estiverdes diante de uma pedra, sede prudente... Não a destruais. Cuidai de torná-la útil, Nós e ela — como os outros seres dos três primeiros Reinos da Natureza terrestre — somos dentro da Criação, primos longínquos. Porque desta pedra, da energia que une as suas células minerais, parte igual dessa mesma energia corre em nossas veias.

* * *

Volvemos à Galiléia.

A nossa caravana passara Naim; e um pouco além, sob a sombra do monte Tabor, penetrara no grande caravançará que se erguia próximo da estrada, quase no ponto onde ela se bifurcava dividindo-se em duas direções: uma, à direita, seguia a rota que conduzia ao famoso Lago de Genezareth e, das suas importantes cidades lacustres e, uma delas, era a aduaneira Cafarnaum; e, à esquerda também do Tabor, tomava o destino da modesta Nazareth e de sua vizinha, ainda mais modesta, Caná.

O inverno, em entremeio, fazia um frio agradável durante o dia, com raras chuvas, quase nenhuma geada e um céu de azul tão límpido que enganava o olhar, julgando ser um céu de primavera. Somente à noite necessitava-se de agasalhos.

Hoje compreendo porque Jesus viveu naquela Galiléia de suaves montes e floridas planícies, onde bastava um pretexto de umidade a um vão qualquer de terra, para logo brotar lírios em profusão, perfumando o ar e todo o espaço pleno de aves cantantes, parecendo elas desconhecerem a diferença climática das estações.

Na Galiléia, era sempre tempo para cânticos e esfuziante alegria! Cantavam nos lares, nos campos; cantavam na faina das searas, junto às fontes, no alvorecer e no ocaso... Por toda parte ouviam-se cantigas de crianças e velhos; homens e mulheres. Cantavam todos:

Vinham dos redis próximos às estâncias dos senhores de ricas pastagens, onde eram abrigados os rebanhos por todo o inverno até a tosquia; o som pastoril do cinor em mistura com o tilintar dos cincerros, pendentes das coleiras de couro que envolviam os lanosos pescoços de carneiros e cabras.

Tudo — seres e coisas — cantava em natural alegria quase pagã... Na Galiléia, todo sentir era expresso em cantatas ou em salmos no fervor da prece.

Ali, a natureza sorria no odor das rosas e das anêmonas rubras, no declive e cimo dos montes, na verdura dos vales e planícies; e sorria naquele céu de turquesa, tão azul, tão transparente que nem o sol o ofuscava...

À noite, o espaço estrelar aparentava baixar à Terra, de tão próximas pareciam estar as estrelas!

Somente a Galiléia poderia, em toda a terra conhecida de então, com a sua harmonia, beleza e humilde pureza, dar acolhida Àquele Rabi que lhe eternizaria o nome.

* * *

Nesta época descrita, a gente desta terra ímpar lhe sentia a Sublimidade com a candura dos justos que desconhecem as próprias Virtudes... E, ante a sinfonia dos salmos que a embalaram no berço, cobria a cabeça, ajoelhava-se e, em Hosanas sagradas, erguia a sua voz rendendo graças a Adonai, o Dispensador de todos aqueles bens, tendo a natureza inigualável da Galiléia como templo.

Então, da longitude dos milênios, ouvia o homem em êxtase e na clarividência da prece, como vinda do presente, a voz de Isaías em assombrosos Anúncios:

..."Mas nos últimos Tempos, o Senhor fará glorioso o caminho do mar, além do Jordão, a Galiléia dos gentios."

"O povo que andava em trevas viu uma grande Luz, e sobre os que habitavam na terra de profunda escuridão, resplandeceu a Luz."[18]

Tudo, ali na Galiléia, fora preparado para se ouvir a voz do Cantor messiânico, a qual soaria sempre como poema harmonioso do Concerto divino.

Estranho profeta Isaías.[19] Segundo sua descrição, "fora ungido por um Serafim com uma brasa viva, com a qual este lhe tocara a boca... E assim, se sagrara profeta."

Leio e releio as suas páginas de clarividente inigualável que desconhecia Tempo e Espaço, unindo o Ontem e o Hoje em um elo só, na longa corrente de previsões transcendentes! Parece-me — e a quantos que o manusearem — que o Senhor, por uma de Suas divinas razões, lhe confiara o Livro da Humanidade, no qual está escrito a suma de tudo que em Justiça ficara determinado do Começo ao Fim...

O programa do Senhor, o Onisciente e Misericordioso Pai, tem como certas — e quanto Ele o sabe... — as dolorosas lutas de suas criaturas — sem vencedores e sem vencidos — necessárias à evolução dos espíritos que demandam o progresso. Assim, revela o Seu Infinito Amor, esparso por todo o cosmo, legislando leis imutáveis e justas, atuantes desde a concepção do Todo.

Graças a estas leis de previdência e providência divinas, consegue o ser por Deus concebido volver do estado Mineral ao Vegetal e, saído destes, passar para o Animal e, após, para o estado Hominal, enfim!

---

18 – Isaías: Cap. 9 Vers. 1 e 2.
19 – Isaías: Cap. 6 Vers. 6 e 7.

Seguir o programa do nosso Criador nos é fácil e... Difícil! Fácil, cumprindo-lhe as suas Leis até o ápice do progresso deste Orbe, vivenciando-as em Amor e Virtudes; difícil, deixando de obedecê-las em razão do abuso à lei do livre-arbítrio, iludidos com as miragens das paixões, frutos funestos das licenciosidades... Estas não nos destes, nós as criamos...

— Homem, meu irmão, sabeis disso tanto quanto eu, que, falho de virtudes, há muito o compreendestes... Porém compreender não é o mesmo que viver em respeito às leis do Senhor... Aprendemos e, no entanto, não as seguimos, fixados — como lesmas — nas deturpações da Matéria.

Matéria, meio perfeito proporcionado a todo ser e coisas para, através dela, atingir-se a Luz — aquela luz prevista por Isaías — e viver em Virtudes, crescendo em "Sabedoria, em estatura e em graça diante de Deus e dos homens."[20]

Repito a Vós, meu Pai e Senhor, e aos Vossos filhos e meus irmãos: Fácil e difícil é cumprir o programa que determinastes a nós... Com a liberdade concedida às criaturas, visando o merecimento delas em vossa justiça, permiti vos confessar, e aos vossos filhos, ante os meus erros, atrasos e obstinações no Mal: o vosso Código, tão fácil e perfeito, é fácil aos homens de Boa Vontade segui-lo, não como acontece a mim e aos inúmeros homens de má vontade, inércios, invigilantes, adormecidos pelo ópio das paixões, vícios e instintos, sentados sobre a pedra do estacionamento, vegetando... Enquanto isso, a eterna Vida que nos destes está à espera da nossa lucidez, convocando-nos através da consciência para todos os acertos...

---

20 – Lucas: Cap. 2 Vers. 52.

Quantos e quantos filhos vossos abismam-se em desumano egoísmo e, assim, estão cegos, surdos e mudos; eis porque não vêem a vossa Luz nem ouvem a vossa Voz convidando-os para as reais e perenes venturas...

Nessa inédia doentia, impedindo-os de ingerir o bem, o certo, o justo e o direito; inapetentes aos alimentos das virtudes que fortalecem, dão energia à alma faminta das plenitudes do vosso Reino, optam pela morte sofrida nas reencarnações, em vez da vida imperecedoura e única. Nada fizemos por merecê-la, quantos de nós... Nada! Vimos, em renascimentos e renascimentos presos à carne, em lutas vãs e inglórias, em frustrações e agros sofrimentos desde o início dos tempos racionais, em meio ao transcorrer dos milênios...

* * *

— Ó Pai, como nos amais em vossa inesgotável paciência! E nos destes Razão e Discernimento... Nada nos faltou. Dispomos do Bom e do Melhor... Por que, então, o nosso fracasso? Por culpa do vosso divino, fácil e perfeito programa ao Homem dirigido? Não! Não e não! Amoroso, Onisciente e Justo Pai. Faltou-nos saber dirigir a Vontade para o Bem.

Culpa da nossa vaidade, orgulho, impenitência obstinada e — perdoe-me os termos — da nossa persistente animalidade.

* * *

— Quando pousaremos o espírito — andorinha cansada de tantas voanças... — nos beirais do Vosso Reino?!... Quando? Só vós sabeis, só vós, Pai nosso que estais no Céus, na Terra e por todo o Universo, só vós.

* * *

Eis-me mais uma vez volvendo à Galiléia, ao caravançará, sob os pés do Tabor...

Os remanescentes

*Esta é a voz do meu amado: ei-lo aí, que já vem saltan-
do sobre os montes, pulando sobre os outeiros.[21]
... o tempo vem em que ajuntarei todas as nações e
línguas; e virão e verão a minha Glória.
... enviarei às nações, flecheiros, a Tubal e Javan... E
anunciarão a minha Glória entre as nações.*

A jovem acariciava o pescoço do cavalo branco com a mão esquerda e, com a direita, o deliciava com polpa de tâmaras maduras, retirando-as de um recipiente que um homem segurava. Aparentava nada ver além do animal... Este chamava atenção por ter ventas e olhos negros em contraste com a brancura do pêlo e pelo porte altivo comum à raça árabe. O pajem, se assim o podemos qualificar, com a cabeça envolta em albornoz azul e vestido como os nabateus,[22] também em azul, possuía mediana estatura, quase negra a cor, de um escuro groselha e a barba grisalha. Era um homem de 40 anos, atlético, e bem forte em seu todo físico.

---

21 – Cantares de Salomão Cap. 2 Vers. 8 Isaías Cap. 66 Vers. 18 e 19.
22 – Nabateus: Povos da Arábia.

Olhava a jovem com ar de abnegação e fidelidade que a ninguém, que os conhecesse, surpreenderia, porque a velava desde ainda infante. Mas não seria escravo e sim um ser livre que aparentava dignidade e nobreza.

Até então, e por muito tempo ainda, os instintos naturais, próprios ao sexo, não me haviam despertado ânsia e desejo. A beleza, sim, esta me emocionava. Eu, mal saído da adolescência, me extasiava mirando os noturnos e auroreceres. Pousava os olhos deslumbrados ante o verde e o florir dos vales e montes, nos rostos infantis, no encanto das mulheres com os seus cântaros rumando às fontes e no saudável porte dos homens. O belo me comovia tanto quanto me desgostava o feio. Pensava em minhas reflexões plenas de criancices:

— Jeovah criou a Beleza; o Homem, a Fealdade.

Aquela jovem ali, alimentando o cavalo branco, eu a via tão só, como a Beleza manifesta. Mais alta que as outras mulheres que encontrara desde a saída da Judéia, fora agraciada com um corpo bem delineado e harmonioso, lembrando a Sulamitha dos Cânticos de Salomão que, em certas tardes, costumava minha mãe entoar, saudosa talvez do esposo que morrera quando ainda ela e ele eram jovens... "Seja feita a vontade de Jeovah"... expressava resignada, Ruth, sempre. E nós, os seus filhos, ao ouvi-la, repetíamos: Seja feita... sem sabermos o que seria a vontade de Jeovah.

Porém a Sulamitha não se caracterizava, certamente, por aqueles cabelos furta-cores, tão cambiantes sob os reflexos do sol; e emolduravam o rosto, de um moreno-róseo, jovem. Não os descreveria como louros, castanhos, ruivos ou negros, porque neles, de todas estas cores, notavam-se vários e inúmeros fios. E estes, desciam na cabeleira que compunham, pouco abaixo da delgada cintura. Partiam das frontes duas mechas e se uniam no cimo da delicada cabeça em trança, presa na extremidade por segurança prateada, tendo, ornamentando-a pequenos rubis. Os olhos, sobrancelhas e os longos cílios tinham a mesma variância da cabeleira, em meio ao nariz reto, gracioso e ligeiramente arrebitado. E as narinas aparentavam ser difícil o ar penetrar por elas... A boca, nem grande e não muito pequena, contornadas por lábios polpudos e naturalmente nacarados, deixavam ver os dentes, quando a jovem assim sorria ao acariciar o belo animal; dir-se-iam ter sido esculpidos em marfim pelo divino Eborário... O queixo grácil complementava o todo perfeito da cabeça de tão raros encantos. Aquela criatura de aspecto tão gentil lembrava uma estátua de excelência concebida...

Neste instante, alguém me tocou o ombro; voltei-me e percebi Dimas, um jovem em fins da puberdade, auxiliar de cameleiro e companheiro meu. Sintonizava muito com ele, porque ambos tínhamos os mesmos sonhos de um futuro pleno de dias venturosos...

Dimas me informava, em agitação e sem ocultar o temor, apontando em direção de um grande aglomerado de soldados:

— Josepho, já viste os romanos que acabam de chegar? Lá estão erguendo acampamento... Ficaram todos aqui apreensivos com a presença deles.

* * *

Nos espaços em torno do Tabor, qualquer coisa extra, anômala, era novidade e distração. Não me cansava de observar tudo, a recrear-me. Quantas vezes, quando possível, percorria a feira permanente dos mercadores admirando as suas vendas e permutas. Nela havia muito que ver e desejar... Sim, porque aos pobres restava "o ver e o desejar", apenas...

E eu era mais que pobre, desde que não possuía valor nenhum; todavia, a bem da verdade, a ambição, nesta época, a ignorava por completo. Contentava-me em ver e admirar, não em desejar... Tudo me soía aprazível, nesta vida atual. Gostava de passar em frente das estalagens em cujas entradas havia um contínuo vai e vem de homens das mais estranhas origens.

Ouviam-se línguas judaica, síria, aramaica, grega, itálica, persa, egípcia e várias outras e outras... Nas encostas do Tabor erguera-se, assim, nova Babel, porém, sem perigo de nenhuma confusão: ali, todo o mundo confraternizava e se compreendia.

Além do próprio idioma, o grego tornara-se habitual aos mercadores e o itálico também, por ser esta a língua do poderoso dominador romano, senhor da maior parte do Orbe. Eram os idiomas mais ouvidos em Galiléia, além do aramaico.

Dimas fora meu companheiro desde quando partira da minha aldeia. Nascera também em Judah. Ambos éramos tímidos, talvez por nos faltar experiência e pela pouca instrução, pois não dispuséramos de tempo algum para freqüentar a escola das nossas sinagogas. Nos poucos instantes em repouso, o nosso assunto transcorria, quase sempre, sobre trabalho onde fôssemos remunerados, para enviarmos auxílio aos nossos familiares, de quem sentíamos grande saudade...

Olhávamos, à distância, a montagem do acampamento romano.

— Quantos soldados! Por que estarão aqui? — perguntei.

— Quem sabe e quem ousa inquiri-los? — respondeu Dimas.

— Um deles vem na nossa direção, e pelas vestes, não parece soldado...

— Estou percebendo, Josepho... Tenha cuidado se vier ter contigo... Vou deixar-te porque o meu patrão necessita de meus serviços e me espera na feira. Não queres me acompanhar?

— Não, tenho também alguns afazeres.

— Peço teres cuidado se algum daqueles soldados procurar-te... Aquele que parece vir para o nosso lado, apesar de não estar uniformizado, deve ser um deles. Todos dizem serem estes romanos muito perigosos... E meu companheiro retirou-se tomando a direção da feira dos mercadores.

* * *

Voltei a me fixar na jovem que se mantinha ainda junto do cavalo branco. Observei que se vestia de forma singularmente estranha, bem diferente das mulheres de Israel. Usava calça de linho róseo, que lhe ia até os tornozelos, deixando ver os pequeninos pés envoltos em sandálias prateadas.

Uma blusa de mangas compridas e largas, em linho róseo mais claro que o da calça, e um cinto de prata torneando-lhe a fina cintura, completavam a excêntrica vestimenta. Como jóia, um longo colar com um medalhão em forma de estrela de oito pontas, do diâmetro de uma ameixa, e tudo em puríssima prata.

As roupas que vestia se assemelhavam às das mulheres dos desertos de Engady e do Hebron, as quais percebera algumas vezes em companhia dos beduínos filisteus e dos nabateus, quando estas tribos acampavam próximas a nossa aldeia. Porém, como a diferenciá-las dos rústicos trajes beduínos, as daquela linda criatura foram confeccionadas delicadas no corte, e em finos e ricos tecidos.

Enquanto a observava, a ouvi chamar pelo nome o homem que me lembrava um nabateu. Ele se afastara, notei, porém logo retornou, conduzindo um cavalo castanho pela rédea. Então, percebi que os dois se encontravam próximos a um estábulo.

Ao vê-lo, pediu:

— Omar, ajuda-me a montar. Lótus está impaciente e deve ser por falta de exercícios. Também me sinto ansiosa, tamanha a vontade de cavalgar...

— Percebo... Os olhos da minha menina não escondem esta ansiedade. Porém lembrai as recomendações do senhor Banabixacor para não nos afastar muito. O vosso pai me ordenou que a evitasse cometer imprudências...

— Meu pai, em seus cuidados por mim, exagera tudo. Quem ousaria fazer mal a filha de Banabixacor? E, estando contigo, quem se atreveria a tocar-me com um dedo sequer? Assim protegida pelo respeito que tem a Banabixacor e a ti, nada de ruim eu temo. E não acredito nesses boatos alarmantes...

— Pois deveria acreditar. Esse bandido Gestas não é como o zelote Barrabás, que revoltado, luta para livrar Israel do jugo romano e destes falsos reis que traíram e mataram os Macabeus, reis e heróis de toda Palestina. Gestas, além de ladrão, é um cruel assassino. Temos de estar preocupados com esses boatos. Prudência nunca é demais, minha menina.

— Nisto, tens razão. Porém quanto a esse Gestas, achas que iria deixar as ricas estradas de Jerusalém pelas nossas da Galiléia?

— Já o fez inúmeras vezes. O campo de ação desse malfeitor não tem limites... Dizem os descontentes com a tetrarquia que é notório, de todo Israel sabido, não apenas em Galiléia, que Gestas é protegido de Herodes Antipas, que até se locupleta com os ganhos ilícitos desse bandoleiro, e de outros, também...

Interrompendo-o, meio impaciente, a jovem pediu:

— Esqueça esse Gestas. Deus, nosso Pai, vela por nós todos... Vamos cavalgar. Ajuda-me a montar Lótus.

Omar detestava contrariar a jovem, cujo nome era Dinah e a quem ele tratava por "minha menina", embora já estivesse ela com 17 anos. Obedecendo-lhe, sustentou o estribo e Dinah firmou o pé esquerdo nele e, segurando-se no arção de madeira, com leve impulso, passou a perna à direita e pousou o pé no outro estribo que ali estava. Então, tal e qual um adestrado cavaleiro o faria, assentara bem confiante sobre a sela, tendo os pés firmados nos estribos. E usando as pernas, e tendo já nas mãos as rédeas, comprimiu com delicada pressão as ilhargas de Lótus e, assim, fê-lo sair a galope. Acompanhada de perto por Omar, que a seguia em seu cavalo castanho, ambos dirigiram as montarias em direção à estrada que conduzia à Naim.

* * *

O moço romano que nós, Dimas e eu, percebêramos vindo em nossa direção, estava agora parado ao meu lado. Observei que também acompanhava com o olhar a jovem afastando-se com o nabateu, e tão rápido cavalgavam, que haviam já atingido a estrada. Ele então, se voltou e, sem revelar emoção, parecendo impelido por simples curiosidade de estranho ao lugar, onde chegara há pouco, perguntou-me em aramaico:

— Conheces aquela jovem?

— Não, nobre senhor. É a primeira vez que a vejo...

— Não és galileu... — não fora indagação, constatara em minha maneira de falar...

* * *

Seria fácil a quem falasse a língua da terra perceber o áspero sotaque do hebraico, com as suas vogais acentuadamente guturais, tão diferente do suave aramaico, entrelaçado de termos herdados do Gentio desde quando na Galiléia — denominada o

Círculo dos Gentios... — o hebreu se mesclara com o sangue — tido como impuro pelos ortodoxos judaicos... — dos egípcios, babilônicos, fenícios, sírios, helenos, e outros povos mais. Eis porque a Galiléia era execrável, desprezível aos *chabar*, os judeus de sangue sem mácula de Jerusalém, de onde provinham os fariseus, os saduceus e os doutores da lei.[23]

— Nenhum galileu é piedoso... — ensinava Hilel, contemporâneo do Mestre.

Essa típica maneira de falar dos galileus trairia Pedro no pátio da casa de Caifaz... antes do galo cantar.

No entanto, a miscigenação que se processara, através do tempo, no hebreu da Galiléia, ou melhor, no aramaico — porque era este o nome real do idioma nela falado — , contribuiu e muito para enriquecê-lo. Novos vocábulos vindos de outros povos vulgarizaram-se, abrandando-lhe a pronúncia e modificando o significado de algumas palavras, dando-lhe mais clareza e expressão. E também cooperaria para o aprimoramento da índole do galileu, tornando-o um povo mais amante da terra, mais generoso, simples, mais amigo e puro de espírito.

O aramaico, a língua de Jesus, da ancestral e antiga Canaã, agora Galiléia, desde que fora pelos arameus agraciada, deu à Humanidade em certa época, um sentido de unificação, de fraterno entendimento entre quantos povos. E isto três mil anos antes de Cristo...

O aramaico é um idioma, por excelência, de divina predestinação.

---

23 – O que acentuamos nesses informes, muitos estudiosos já chegaram a esta idêntica conclusão. (Nota de Josepho)

Há três mil anos, nômades, como foram Abrão, Isac e Jacó, ao deixarem Ur, na Caldéia — os arameus desceram do norte —, descendiam de Sem, filho de Noé. Eram, assim, semitas, setentrionais e co-parentes dos arianos. Vinham vencendo caminhos com os seus rebanhos de carneiro, cabra e boi; grãos e sementes; ouro e prata, pérolas e pedras preciosas, bens reservados para quando iniciassem a grande marcha, o pacífico Êxodo, que ressoaria como o tocar de milhões de sinos no coração imortal da História Humana daquela época.

Enquanto o Êxodo, promovido pelo legislador Moisés à sombra protetora de Jeovah — o deus dos exércitos — , banhou com sangue o solo das cidades que ia saqueando, sem poupar crianças, mulheres e velhos; e lembrando o preâmbulo macabro, de antes da fuga do Egito, quando crianças pereceram assassinadas nas trevas da noite, sendo esses infanticídios o prólogo às famosas pragas registradas na Bíblia; e tudo ordenado por Jeovah — o deus hematófilo — em prol do seu povo eleito... E apenas enfocamos o sangue espargido por esses eleitos do deus dos exércitos, nesse espaço de quarenta anos do Êxodo.

Então, melhor compreendemos a Misericórdia divina do nosso Criador ante os faltosos, quando ditou em meio a esse povo recalcitrante, que até hoje, não aceitou Jesus como o messias, o Decálogo, a Lei ímpar, através o inegável extraordinário médium tão conflitado, o Legislador Moisés.

E mais nos inteiramos dessa Misericórdia divina, e o dizemos com emoção profunda em nosso ser tão carente de Virtudes, ao recordar as palavras de Jesus, o Rabi, assassinado pelos judeus, quando, em sublime Humildade, esclareceu ao mundo que em maioria, na sua Humanidade, ignora o Evangelho, porque Ele viera à terra:

— Vim para os enfermos e pecadores; e não para os sãos e santos.

* * *

A Bíblia, que registrou passo a passo o Êxodo do povo eleito de Jeovah, esqueceu de fazer o mesmo com o Êxodo arameu... E esse período foi o único a que podemos denominar de ouro; e isto, desde o pretérito do Homem até os dias de hoje... Basta observar a História da Antigüidade, antes de surgir Alexandre — o Grande —, com o poder dominador dos Helenos, impondo não só a este, mas o predomínio da língua grega, calando em quase toda parte onde sonorizava a palavra — o aramaico.

Com o poder grego, chegaria ao ocaso a luz que viera do Setentrião, como um sol de primeira grandeza e iluminaria, com fulgente mensagem crística, aquela região oriental.

A luz aramaica, trazida do norte, atingira o pináculo na Síria, e estendera os seus raios benéficos para além, muito além dos seus horizontes. Vêem-se surgir, então, nessas regiões, novos estados preenchendo os espaços vazios, vagos e até naquele agora, devolutos; e ei-los transformados em cidades operosas, ricas e auto-suficientes em todos os setores da vida.

No entanto, a mensagem aramaica não se impusera através a política, a religião, a força ou o domínio. Não! Fora o ideal fraterno tão apenas, a confraternização étnica, visando não o meu, porém o nosso, tornando o Bem e o Melhor a razão de todos. Foi através do idioma que os arameus alcançaram, em verdade, a primazia de primeiros mensageiros da universalidade e, assim, irmanavam em uma única família, não apenas os povos terrícolas, mas os de todo o Universo. Foram os medianeiros, neste Orbe, da Unidade divina, da catolicidade do Criador.

O aramaico era o veículo, a meia-tinta, que os facilitou conduzir da Antigüidade mal saída da sombra dos tempos primitivos, e ainda imersa nas confusas lembranças diluvianas, para a luz desta ideal unificação. Esses medianeiros setentrionais vinham como menestréis dos Cânticos de Paz e União e, desta maneira, por onde passavam, espargiam harmonia e beleza, parecendo revoada de aves canoras.

Observando-lhes as atuações altruísticas, e mais que isto, crísticas, os arameus nos levam a imaginar que eles deveriam ter o domínio do Tempo e do Espaço, do Antes e do Depois. E, assim, puderam estar, e falando na mesma língua, com o Rabi da Galiléia, nas alturas, entoando com Ele, em coral, o poema das bem-aventuranças, como se não os separassem um interlúdio de quase três mil anos...

E ainda notamos que eles tinham, em seu Êxodo, o propósito de demonstrar aos povos de então e de Hoje e, creio, aos povos de todos os tempos, o quanto é fácil atingir o Reino de Deus, desde que o façamos com a argamassa das Virtudes, calcada na Paz, União, Solidariedade e no Amor Fraterno.

E mais, compreendemos que aquele Êxodo, do norte para o oriente, seria a despedida dos arameus deste planeta... Cumprida a última tarefa — a Mensagem da Universalidade — saldado o resgate — o sacrifício imposto pelos Helenos — com a própria consciência e a Justiça divina, chegara a hora tão ansiada do adeus à Terra do Exílio...

E por último, sentimos que esses medianeiros povos do Setentrião, ímpares na exemplificação do Dever e do Bem, não partiriam da Terra que os abrigara sem lhe deixar um sinal da sua predestinação: e ele está até Hoje aqui, e estará no Amanhã — o aramaico, unindo, como se não houvera o *intermezzo* dos milênios, a mensagem da unificação dos arameus à mensagem crística do Evangelho de Jesus.

E foi, nesse vernáculo articulado há três mil anos, que o Rabi da Galiléia pediu, em Cafarnaum, à filha de Jairo, que todos os seus familiares julgavam já estar morta:

— *Talitha, kumi...* ("Menina, acorda"...)

E foi ainda nela, nessa linguagem dos arameus, o primeiro balbucio, dirigido a José, o pai natural, confundindo-o com o Pai, o Eterno:

— *Abba... Abba... Abba...* ("Pai") — repetindo em eco, como faz toda criancinha.

E no interlúnio do Calvário, quando tudo Lhe era treva em volta; sentindo-se órfão da Luz divina, foi nesse mesmo idioma, usado sempre em todos os seus ensinamentos e parábolas, que expressaria o lamento do desconsolo dos justos:

— *Abba, lama sabactani...* — (Pai, por que me abandonaste...).

Abba — o Pai Eterno — seria, em seu verbo e ações crísticas, a Causa e o Fim. Eternidade de tudo. A mensagem – revelação do Mestre da Galiléia foi: o Amor do Pai — *Abba* — às suas criaturas em todo o Cosmo.

Jesus — a lógica nos insinua — não poderia ter seus ascendentes, como os nominou o médico bem-amado Lucas, naquelas doze tribos do Êxodo mosaico. Sentimos isto na contemporaneidade evangélica, como se o Evangelho fora escrito hoje, e na sua universalidade, e na essência divina que exala; e comparando, historicamente, o Êxodo mosaico com o Êxodo arameu, e meditando, no ascetério de nossos espíritos, na rejeição que esses eleitos de Jeovah até hoje proclamam em relação a Jesus de Nazareth, negando-O como o Messias anunciado por seus profetas, concluímos: Jesus não era judeu; Jesus era arameu... Eis porque os eleitos de Jeovah O condenaram à cruz infamante. E os fariseus, os saduceus e os doutores da lei mosaica o sabiam.

Negaram-No e O crucificaram porque — razoaram certamente entre eles — se aceitassem o Rabi da Galiléia, proclamariam o desmentido à obra profética daqueles quinze admiráveis hebreus, de Isaías a Malaquias; e as inspiradas e eternas Mensagens dos Salmos e dos Cantares, de David e Salomão; e horror dos horrores! Negariam todo o sagrado conteúdo do Pentatêutico mosaico... Seria o fim do povo eleito de Jeovah.

Jamais (e o tempo é nossa verdadeira testemunha) aceitariam um messias que não fora judeu. Porque tinham a convicção — e eram e são persuadidos disto de geração em geração — que ele viria para engrandecer o seu povo sobre os demais, e não, como Jesus Cristo o é: Messias de toda a Humanidade.

Eis porque desprezaram o anunciado de todas as profecias e preferiram os *chabar*, da Jerusalém de então, usar de má fé com Israel e os romanos, por simples paixão à terra e à organização religiosa há milênios estabelecida.

E nem lembraram a Isaías, quando afirmou:

"Porque como a terra produz os seus renovos, e como o

horto faz brotar o que n'ele se semeia, assim o Senhor fará brotar a Justiça e o Louvor para todas as nações."[24] — referia-se ao messias esperado.

* * *

Se a Atlântida não foi fantasia de Platão, se ela, em verdade, submergiu em terrível cataclismo, como creio, deixando apenas a dúvida do seu existir, que permanecerá como prova em contrário; se o Dilúvio também ocorreu e foi mais do que fábulas da imaginação humana; — que todos os povos antigos e até os das Américas o tenham em seus registros... Se existiam, não como lenda e sim como fato real da Pré-História, poderíamos então concluir que os arameus foram os remanescentes do Dilúvio e da Atlântida. Seriam eles, em grande número, os capelinos exilados na Terra, e a ela conduzidos para impulsioná-la à evolução ainda em precário início, como seres experientes, embora nada virtuosos? Diz-nos a intuição e a razão que sim. Esparsos por todo o Orbe, foram plantando o progresso aos terrícolas, ensinando-lhes o ABC dos conhecimentos práticos e úteis, rudimentos de Arte e Medicina; instituindo leis e códigos morais e habituando-os, pouco a pouco, a abandonar o estado nômade – patriarcal, para o abrigo seguro de cidades–fortalezas, tornando-os mais livres, embora ainda sujeitos, em grande maioria, aos detentores da Força e do Poder, mal este imperando até hoje...

Todo progresso se processa em ciclos. Houve-os vários e vários, antes deste término de milênios; porém, dois deles foram os mais marcantes e, isto, porque seriam divisores das duas

---

24 – Isaías: Cap. 61 Vers. 11.

Eras mais importantes na História da Civilização: A aramaica e a cristã.

O arameu, a quem denominamos o primeiro ciclo, em meio a quantos de grande valor e mérito, expandiu-se pela Ásia e África. Predominou na Síria, na Babilônia, Nínive; na Fenícia, no Egito e Etiópia, em Canaã e nas costas orientais mediterrâneas, na Pérsia e nas lendárias Creto-Egéa, a também fabulosa Atlântida dos arianos europeus.

No século VII até o XI, o arameu, como já acentuamos, era o vernáculo universal (no sentido da Terra), como seria, após ele, o grego, que o suplantou mil anos depois.

O grego o substituto do arameu entre os povos, muito antes de Cristo; e o acentuamos por uma singular coincidência, vendo nela uma predestinação, não só relacionada a certos homens, também aos povos. A Grécia foi, para o ocidente, o que o arameu foi para o oriente, em sentido diferente: A Grécia seria a mais douta e bela civilização da Terra (nesse campo, nenhum povo a suplantou até hoje); o arameu, por ser o mais espiritual, foi o único que se aproximou dos códigos divinos. A Grécia honrou a Terra; o arameu, a Deus.

Voltemos à coincidência, que nos pareceu concebida pelo Senhor dos povos e mundos: As primeiras traduções evangélicas se processaram do aramaico para o grego... Ciclos lingüísticos ou simples coincidência? Lógico: também as línguas têm predestinação.

O segundo ciclo, o do Cristianismo, junto ao do arameu, o primeiro (pela ordem de tempo e espaço), denominamos ambos de únicos divisores da História do Homem. Sim, porque o arameu tem de ser, em justiça, o divisor da Pré-História não-oficial, porque ele não legou anais para comprovar o quanto fora notável e mais que importante para os destinos futuros da Humanidade.

Apenas, hoje, falam por ele, as ruínas das escavações arqueológicas e alguns monumentos que insistem em vencer a destruição do tempo.

E ei-los aí, silentes como o interior dos bosques, as testemunhas dos tempos ditos obscuros. Assistiram a ímpar luminosidade desse instante da clemência divina, manifesta nesses seres tão puros, quando ainda nos espaços do Orbe. E qual diamante sem jaça, é o ciclo arameu em sua fulgência, o divisor da Pré-História demarcando a História das civilizações futuras.

Permiti dizer o que está sob os vossos olhos. Refiro-me àquele divisor que será o de todos os tempos: o antes e o depois de Cristo. E o de antes, foi o arameu. Apenas, hoje, já invisível, porém sempre presente em espírito, fazendo sentir-se nas ações humanas, quando hauridas nas tênues volutas da mais ideal Espiritualidade, as quais estão impregnadas de tal forma no espaço sideral, que sempre, em rápidos haustos, energizarão a quantos que estiverem em comunhão perfeita com a Unidade e a Universalidade do Criador.

O ciclo do Cristianismo estará, por todo o sempre, acima de todos os demais ciclos, radiando, sobre eles, os fluidos cósmicos da fonte eterna, inesgotável, do Amor divino, revelado à Terra pelo Cristo de Deus.

* * *

Aos pés do Tabor, continuando o diálogo com o jovem romano, esclareci:

— Sou de Judah, não da Galiléia.

— Vives aqui?

— Não, senhor. Cheguei, há poucos dias, na caravana onde sirvo.

— E o teu nome, qual é?

— Josepho...

Como aquele romano me parecia atencioso e simples! Bem diferente dos seus compatriotas que diziam ser orgulhosos e autoritários, agindo sempre como os dominadores da terra.

O jovem, após rápido silêncio, me perguntou:

— Podes indicar-me uma boa hospedaria, Josepho?

— Sim... Talvez possa fazê-lo, senhor...

— Pagar-te-ei bem, se me levares a uma...

— Não precisareis me pagar, tenho prazer em servi-vos...— Atalhei rápido, e apontei, com o braço, uma grande casa que se via à distância, acrescentando: Olhai, senhor, lá, próximo ao grande caravançará, não vedes aquela enorme casa com um florido alpendre? É a residência do rico libanês Banabixacor, proprietário de quase tudo isso que vedes, até do caravançará. Posso, se me permitirdes, levá-lo até lá, onde se encontra hospedado o mercador Natan, de Sídon, meu generoso patrão. Ele é amigo do poderoso libanês, e dizem-se ser não só amigos, porém co-irmãos.

— És um ótimo informante, e isto é bom para um jovem. Mostras ser observador e atento às coisas... Graças aos teus informes, sei agora onde encontrar quem me consiga boa estalagem. Irei ter com o rico Banabixacor, assim que me seja possível — e o romano sorriu, expondo dentes brancos e saudáveis como os da jovem Dinah.

E comparando-o com ela, notei que era tão belo quanto aquela jovem de estranhos cabelos cambiantes... Muito alto, ao lado dele, eu parecia anão, musculoso, mas em proporções harmoniosas; seu rosto moreno, e acentuava-se mais a cor por tê-lo queimado pelo sol, era de linhas tão bem delineadas, porém sem lhe afetar a expressão acentuadamente masculina, e tão belas, que ninguém lhe poderia indicar um só defeito. Vestia-se, não como um romano, e sim, com uma túnica azul-escuro, como as usadas em Galiléia e, sobre esta, um colar de onde pendia uma estrela de oito pontas, semelhante a que notara em Dinah, sendo a dele em ouro. Não conduzia arma alguma. Possuía grandes olhos índigos, lembrando violetas a luzirem sob o dourado dos cabelos, em contraste com os cílios negros.

Não imaginaria que existissem seres tão belos como os dois jovens que acabara de ver e admirar: pareciam deuses. Assim concluía, lembrando certo mercador grego, quando afirmara que os seus deuses concentravam neles próprios, pelo poder que possuíam, toda a beleza das estrelas...

No entanto, não fora a aparência daquele romano que me impressionara e, sim, a tranqüilidade, a confiança que inspirava, a simplicidade e a simpatia refletida nos seus olhos azuis, tão serenos como se jamais tivessem sentido ódio, ira, raiva... Era um olhar pleno de benignidade, o qual conquistava muito mais que a sua inegável beleza.

— Desejo-lhe paz, Josepho — e o jovem, retirando-se, tomou em passos rápidos a direção do acampamento.

Dirigi-me à casa de Banabixacor, onde se encontrava Jonathan. Desejava comunicar-lhe algo. Nada fazia sem antes consultá-lo. Já, então, muito o estimava, respeitando-o como se fora meu avô; e ele, em tudo demonstrava querer-me como neto. Talvez, vendo em mim o filho que morrera de um mal terrível.

Nesta época, distante de mãe, de irmãos, órfão de pai, sem nenhum real amigo — porque Dimas, até então, tinha-o como companheiro —, a minha alma, solitária, sentia-se atraída por todo ser incomum. Ainda não esquecera Barrabás e desejava revê-lo, julgando-o herói, como pensavam os cameleiros, e até alguns mercadores das caravanas que conhecera.

Enquanto caminhava, ia recordando o romano. Mal ele se retirara, fiquei alguns instantes olhando o seu vulto, e pensava: Tão pouco tempo estive com aquele jovem e, no entanto, parece-me conhecê-lo há anos... — E trazia o meu coração opresso ao vê-lo afastando-se, como em despedida de um irmão, temendo não reencontrá-lo tão cedo. E pensava, ainda: sou tolo em me impressionar por pessoas que nem as conheço.

Adiantei o caminhar. O dia, longe do noturno, deveria estar na décima hora, e o *kislev*, já em meio-termo, brindava as planícies do Tabor com sol morno e ameno.

Quando me aproximei do alpendre, percebi que o dono da casa, Natan e Jonathan conversavam animadamente. Jonathan, ao ver-me, fez um aceno para que me aproximasse. E comunicou-me, sem conter a alegria:

— Josepho, tenho novidades, filho. Amanhã mesmo devo partir para Nazareth! Já pensaste na minha ventura em rever o Menino que jamais esqueci?

Sem dar tempo à minha resposta, atalhando-o com ar risonho, Natan lhe lembrou:

— Esqueces, Jonathan, que o teu Menino é hoje o Rabi da Galiléia?

— Não, não o esqueço. Mas até encontrá-Lo, Ele é o meu Menino.

E os olhos do antigo pastor fulgiam em luz já de todos nós conhecida, porque ela sempre aparecia quando Jonathan falava do Menino Jesus.

O Menino do pastor

E disse-lhes Jesus: as raposas têm covis e as aves do céu,
ninhos, mas o Filho do Homem não tem onde
reclinar a cabeça.
Lucas, 9: 58

Eu tinha feito o propósito de subir àquela tarde o Tabor. Participando a minha intenção a Jonathan, ele de monstrou satisfação e, animando-me, revelou que fizera isso muitas vezes em companhia do Menino Jesus.

O Tabor não era um dos mais altos montes da cordilheira da Galiléia. Sua altitude não ia além dos duzentos metros. Eu me propusera ir até o seu cimo. E iniciara a escalada, meio temeroso. Todos aqueles que já o escalara preveniram-me ter lá no alto coisas misteriosas, que o tempo guardara desde a época de Ciniro, um príncipe cujo pai sacrificara. Aconselharam-me que eu fosse tocando o cinor. Então, tomei da minha flauta, ao iniciar a escalada, tocando nela um dos salmos ensinados por minha mãe. Porém, não perdia de vista nenhum detalhe... O Tabor era abrigo de carneiros e cabras que, fugitivos do redil, encontravam ali o abrigo ideal, tamanha abundância de pasto. Observei que, em volta dele, muitas gentes humildes construíram as suas moradas. Eram casas modestas e seus habitantes não gostavam de estranhos. No entanto, não me molestaram. Pobre, igualava-me a eles.

Atingi o cimo do monte sem nenhuma agressividade por parte de ninguém. Já sobre o monte, notei que muito além do horizonte a paisagem era deslumbrante. E o chacoalhar dos cincerros soavam, alegrando o ar. No entanto, estava temeroso... Lá, ouvia-se também um som provocado pela aragem... Digo que a gaita dos pastores foi inspirada graças a esse mavioso som.

O Tabor parecia envolto por uma cobertura de flores azuis, brancas e róseas, que desabrochavam em toda parte da Galiléia, principalmente nos montes e planícies.

Naqueles finais do *kislev*, aquecidos pelo sol ameno do fim do inverno, eu me deslumbrava vendo aquelas flores! Eram mais alegres e bonitas que os lírios dos campos, por onde passara tantas vezes, admirando-os, deliciado. Fixei o olhar no sul onde se via o pai de todos os montes, o Hermom, segundo o vulgo, que por ter constantemente o seu pico coberto de neve, lembrava o ancião dos dias. Afastei o olhar e senti que havia alguém acompanhando-me naquela vastidão. Procurei ver se o distinguia, poderia ser um animal, ou seres selvagens e brutais que diziam habitar ali. Não percebi ninguém. Eu estava vigilante, atento, quando observei que o vulto de um homem, vestido de branco, estava assentado sobre uma pedra, das muitas que haviam ali, bem próximo ao abismo que se distendia além. Aproximei-me dele como atraído por uma força superior. No entanto, o meu instinto de conservação me prevenia que me afastasse o mais rápido possível...

Seria aquele ser a alma de Ciniro, o filho que fora imolado por seu pai, em uma tarde como aquela que eu estava vivendo em meio os linhais em flor. Ainda estava ali o que restava de uma fogueira: paus queimados... Fora nela, diziam os mais velhos, que o rei queimara o filho em holocausto. Impossível ser esta — pensei — porque eu vira uma igual, quando fui, uma vez, ao monte Cinor. Creio que todos os montes da Galiléia possuíam restos assim, como o do Tabor... Porque muitas pessoas pobres habitavam nesses montes. Essa história de Ciniro devia ser lenda, como tantas outras coisas tidas como verdadeiras. Minha mãe nos relatava um fato semelhante, acontecido em Israel.

O Homem ama a lenda, e os relatos incomuns além da imaginação. No entanto, hoje, sabemos que há muita realidade em todos eles, apenas mal interpretados ou melhor, acomodados às suas ansiedades. Porém, tenho de retornar ao Tabor.

Em verdade, havia em volta dele, pastando, carneiros e cabras... Continuava atemorizado, pensando em descer o Tabor o mais breve possível... Querendo aquietar-me, tocava a minha gaita, que os pastores denominavam cinor. E o som suave que emitia unia-se ao dos cincerros, pendentes dos pescoços dos cabris.

No momento em que me dirigia em direção à trilha, que palmilharia para descer o monte, ouvi uma voz incomum, chamando-me:

— Josepho, aproxima-te...

Voltei-me rápido... Compreendera que fora o homem que estava sentado próximo ao abismo. Como sabia o meu nome, se eu não o conhecia? — inquiria-me confuso e acercando-me dele.

— Senhor, o que desejais?

— Eu o aguardo há tanto tempo, Josepho... — e repetia o meu nome. — Prometeste que virias a mim e vieste.

O Homem voltou o dorso para o meu lado, dizendo:

— Estou feliz, que tenhas chegado...
Não lembrava nada do que Ele dizia, mas não me externava. Em silêncio, fitava-o. Eu jamais vira um rosto igual. Não era belo, no entanto, fascinava. Desejava não mais deixar de olhá-lo. Meu Deus! Que olhar...

— Josepho, não tenhas medo. Não sou Ciniro. Sou um irmão, Jesus, o Filho do Homem.

O Rabi da Galiléia. O Menino Jesus do pastor Jonathan.

— Perdoe-me, Senhor, eu não O conhecia.

— A Paz do Pai seja contigo, Josepho.

— Assim seja, Mestre.

— Não me conheces e dizeis que sou mestre...

— Todos dizem que és. Quem sou eu, para duvidá-lo?

— Feliz de ti! És como muitos amanhã que não me conheceram e me aceitaram. A Paz seja com eles. Em verdade, estarei sempre próximo de todos, bons e maus, felizes e sofredores. Porque sou irmão de todos em Humanidade. Somos uma só família, filhos do Pai Eterno.

E tomando um cordeirinho que se aproximava nos braços disse:

— Este aqui também é nosso irmão, Josepho. Hoje é este cordeirinho, Amanhã será como tu e eu. Porque somos todos partes da Criação divina. Como o Pai é pródigo! Em sua produtividade!

Um pássaro cantou, Jesus continuava falando:

— O som do teu cinor é muito suave, Josepho; porém o desta ave é sublime... Temos de ser guardiões da Criação divina, não é, Josepho? Somos diferentes de alguns de nossos irmãos, porque já pensamos, raciocinamos. Por isso somos responsáveis. Não basta parecer que somos bons, temos de ser. Bondade não é virtude obrigatória, é necessidade como beber e comer. Se não a temos, estamos em perecimento espiritual. O corpo é cadáver em relação ao espírito. Só existimos pelo espírito. O pão alimenta o corpo, mas não o sacia para sempre. A fome volta. Enquanto o Bem alimenta o espírito eternamente. Quem o pratica, não sofre fome nem cede. O Bem é todo fartura. Pode e deve ser dividido por mil ou quantos mil a mais, porque é inesgotável. Uma réstia de bondade, dividida, alimenta multidões. Bondade não é o nome certo para o Bem, deviam denominá-lo: solidariedade. Porque pobre é quem não divide com quem nada possui. Quem se solidariza, multiplica os bens. Dando, é como enriquecemos. A semente é o exemplo disto: doa-se e recebe em troca floradas e frutos. Os homens, nesta terra, são os veladores da Criação divina. Não pode haver descuido. Quem colhe e não replanta não terá nunca um farto pomar. E é certo, porque quem recebe tem de retribuir. Busque o Bem, Josepho, através a solidariedade: é assim que amamos o próximo como a nós mesmos. Porque dando, recebemos em dobro flores e frutos de gratidão, preciosa dádiva divina.

Jesus silenciou por um momento. Então, apontando a fogueira ressequida, continuou:

— Esta fogueira não é aquela que o rei, pai de Ciniro, o incinerou; daquela, já não existe nenhum resto. No entanto há muitos pais como o de Ciniro; sacrificam o semelhante julgando colher felicidade. São menos racionais que este cordeirinho...

A ventura vem da renúncia. Não do egoísmo. Nós todos sofremos holocaustos, dia a dia. Assim o Pai permite para engrandecimento nosso. Quem os sofre sem ódio nem revolta, sem culpar ninguém, perdoando sempre aqueles que nos sacrificam têm a recompensa no coração de Deus. Sabemos que nada é a recompensa dos homens em relação à divina. É assim que nos libertamos da morte na carne e ressurgimos para a Eternidade...

Disse Jesus, levantando-se e tomando a trilha da descida do

Tabor. Eu, Josepho, fui atrás Dele e desde então, não faço outra coisa. Vivo atrás de Jesus.

ADENDO

Neste último livro, eu, Josepho, preciso acrescentar um fato que a meu ver é muito importante:

Javan e Dinah* uniram-se através o amor real, que é pleno de respeito, renúncia e ternura, e se mantêm assim unidos através dos séculos, inspirando os corações que conquistam este digno e raro sentimento. Que Deus os abençoe e a todos nós, seus filhos em Humanidade.

Jonathan estava no caravançará auxiliando os cameleiros, quando dois homens que lhe pareciam familiares e assim eram. Com alegria reconheceu neles os dois filhos, Jacó e Esequias.

— Pai — disse-lhe Jacó — o primogênito: estamos a

---

* Personagens de Livro *O Alvorecer da Espiritualidade*, da série Às Margens de Eufrates.

procurá-lo faz muito tempo. Isto, desde que soubemos por alguns mercadores, como Daniel o tratava. Voltamos para casa e não o encontrando, saímos em sua busca, para levá-lo de volta para sua casa. Daniel, como mau filho que é, não quis nos revelar como o pai fora embora. Porém quem vai embora, é o nosso mau irmão, quando o pai retornar ao lar...

— Não filhos... Fui eu mesmo quem abandonei o lar. Doei tudo a Daniel e aos seus. A nossa casa hoje é dele e não voltarei mais lá. Quando os dois quiseram a parte da herança do tio, não neguei. Agora também não nego o direito de Daniel. Eu ficarei aqui até quando o senhor o permitir... Sigam os seus caminhos e sejam felizes como Daniel deve estar sendo. Eu os amo, seria um estorvo para os três. Aqui estou muito bem... E mesmo ainda, não encontrei o Menino Jesus...

— Pai, o Menino Jesus é hoje o Rabi da Galiléia, e nós dois O amamos e somos Seus discípulos e sabemos que Ele é o nosso Messias.

— Mais satisfeito fiquei, ao saber disto, por encontrá-los. Repito: sigam os seus caminhos. Ficarei aqui esperando o Menino Jesus...

Foi, nesta hora precisa que Jonathan ouviu um Homem bem próximo dele dizer-lhe:

— Jonathan, em todo menino que encontrardes, estarás me vendo. Trata de os auxiliar, conduzindo para o certo, o justo e o direito, para que este Orbe encontre logo o Reino do Pai... São estes os caminhos mais rápidos para chegarmos todos lá.

Jonathan exclamou:

— Meu Menino Jesus! O Rabi... Assim farei...

E desde então, o pastor Jonathan segue atrás de Jesus. E eu, Josepho, estou com ele... Busco-O até hoje e o farei até a consumação dos séculos; e Jonathan já O encontrou.

JOSEPHO